Ação Regressiva e Seguro

LUÍS RODRIGUES KERBAUY
Advogado. Mestre e Doutor em Direito Previdenciário pela PUC/SP.

Ação Regressiva e Seguro

EDITORA LTDA.
© Todos os direitos reservados

Rua Jaguaribe, 571
CEP 01224-001
São Paulo, SP – Brasil
Fone (11) 2167-1101
www.ltr.com.br
Junho, 2015

Produção Gráfica e Editoração Eletrônica: LINOTEC
Projeto de Capa: FABIO GIGLIO
Impressão: PAYM

Versão impressa: LTr 5290.0 — ISBN: 978-85-361-8455-5
Versão digital: LTr 8736.1 — ISBN: 978-85-361-8471-5

Dados Internacionais de Catalogação na Publicação (CIP)
(Câmara Brasileira do Livro, SP, Brasil)

Kerbauy, Luís Rodrigues
  Ação regressiva : um paralelo com o seguro do direito privado / Luís Rodrigues Kerbauy. -- São Paulo : LTr, 2015.

  Bibliografia.

  1. Ação regressiva 2. Contratos de seguro 3. Direito previdenciário 4. Direito privado 5. Seguro social I. Título.

15-03673   CDU-34:368

Índice para catálogo sistemático:
1. Contratos de seguros : Ação regressiva no
comparativo de seguro social com o seguro
privado : Direito   34:368

Dedico este trabalho a Gabi.

Agradecimentos

Agradeço a minha esposa, Tatiana, pela colaboração, pelo amor e pela compreensão.

Aos meus pais e irmãos pelo apoio.

Ao Marcos Cezar Najjarian Batista por todo o suporte e pela colaboração nas ideias desenvolvidas.

Aos meus colegas de trabalho e amigos, especialmente ao Marcelo Scalambrini, pelo apoio e pela paciência em ouvir minhas ideias.

Ao professor Wagner Balera não apenas pela orientação durante o trabalho, mas por todo o ensinamento ofertado ao longo da minha militância no Direito Previdenciário.

Sumário

PREFÁCIO 13

I
INTRODUÇÃO

1. DELIMITAÇÃO DO ESTUDO.. 15

II
CONTRATO DE SEGURO NO DIREITO CIVIL

1. DAS OBRIGAÇÕES: NOÇÕES GERAIS. DIREITO PRIVADO E DIREITO PREVIDENCIÁRIO 17

2. DO CONTRATO DE SEGURO... 21
   2.1. Introito 21
   2.2. Definição e características 23
   2.3. Espécies 33
   2.4. Da Sub-Rogação no Contrato de Seguro 40

3. DA RESPONSABILIDADE CIVIL... 42

4. RESUMO DAS RELAÇÕES JURÍDICAS ENVOLVIDAS NO CONTRATO DE SEGURO... 47

III
SEGURO SOCIAL E PREVIDÊNCIA SOCIAL

1. FINANCIAMENTO DA SEGURIDADE SOCIAL 51
   1.1. Considerações Iniciais 51
   1.2. Financiamento 54
       1.2.1. Do financiamento direto 55
       1.2.2. Do financiamento indireto 58
   1.3. Financiamento dos Benefícios Decorrentes de Acidente do Trabalho .. 62
       1.3.1. Benefícios acidentários e aposentadoria especial 66
           1.3.1.1. Consequências financeiras da cobertura da aposentadoria especial pela alíquota SAT 69
           1.3.1.2. Violação ao art. 195, § 5º, da CF 71
       1.3.2. FAP e ação regressiva 73

2. EVOLUÇÃO DA LEGISLAÇÃO DE INFORTUNÍSTICA 80

3. BENEFÍCIOS POR INCAPACIDADE DE NATUREZA ACIDENTÁRIA 92
   3.1. Causa de Pedir. Acidentes Relevantes para a Ação Regressiva 93
   3.2. Auxílio-doença 97
   3.3. Aposentadoria por Invalidez 98
   3.4. Auxílio-acidente 99
   3.5. Pensão por Morte 100

4. AÇÃO REGRESSIVA 101
   4.1. Jurisdição 101
   4.2. Da Ação 102
       4.2.1. Ação declaratória 105
       4.2.2. Ação condenatória 106
       4.2.3. Ação constitutiva 106
   4.3. Natureza Jurídica 106
       4.3.1. Natureza contributiva? 114
       4.3.2. Finalidade punitiva ou socioeducativa? 117
           4.3.2.1. Noções introdutórias 117
           4.3.2.2. Ausência de natureza sancionatória 122

5. AS RELAÇÕES JURÍDICAS NO DIREITO PREVIDENCIÁRIO 126

IV
CONTEXTUALIZAÇÃO DA AÇÃO REGRESSIVA NO COMPARATIVO DO SEGURO SOCIAL COM O SEGURO PRIVADO

1. SUJEITOS ENVOLVIDOS 129

2. RELAÇÕES JURÍDICAS 133
   2.1. Mutualismo e Solidariedade 137

3. FONTES DAS OBRIGAÇÕES 139
   3.1. No Direito Civil 139
   3.2. No Direito Previdenciário 141

V
OUTRAS QUESTÕES AFETAS À AÇÃO REGRESSIVA

1. INTERPRETAÇÃO RESTRITIVA DO ART. 120 143
   1.1. Acidentes de Trânsito e Violência Doméstica 144

2. ELEMENTOS ESPECÍFICOS DA AÇÃO REGRESSIVA 146
   2.1. Extensão do Dano 146
   2.2. Forma de Execução 147
   2.3. Prescrição 149
   2.4. Competência 160
   2.5. Inversão do Ônus da Prova 164

CONCLUSÃO 167

BIBLIOGRAFIA 169

Prefácio

Um dos temas mais instigantes da moderna temática processual que há de ser enfrentado pela Previdência Social e que, no futuro, poderá representar notável incremento das receitas, é o das ações regressivas.

É certo que manutenção do equilíbrio financeiro e atuarial do sistema não deve ser buscada por essa via. Mas é, igualmente, certo que nenhuma fonte de financiamento pode ser deliberadamente excluída.

De certo modo, a omissão com que se conduziu o Poder Público, nesse específico tópico, não encontra nenhuma explicação lógica ou jurídica.

O direito brasileiro apresentava-se aparelhado para fazer funcionar o mecanismo da regressiva, nada mais do que fórmula específica de responsabilidade civil, e a desorganização administrativa travava, desde há muito tempo, o processo.

Agora, a realidade é outra, como demonstra Luís Rodrigues Kerbauy em tese doutoral que ora é dada a estampa.

De fato, o autor ataca o tema, com propriedade, a partir d'um dos conceitos fundamentais da seguridade social, o conceito de risco e se vale da categoria tradicional do contrato de seguro como elemento de compreensão da reflexão sobre o escopo e o mecanismo da Regressiva.

Na configuração do instituto processual o autor se vale do seu abalizado conhecimento do direito material da seguridade social em sua expressão mais usual e conhecida, o seguro social, e assenta sua original pesquisa na comparação do instituto do direito social com a categoria do direito privado, o seguro, que a seu modo serviu como pano de fundo para a elaboração do arcabouço em que se baseia a estrutura das Regressivas.

À proposta de reflexão teórica o autor não deixa de ajuntar dados de conteúdo adjetivo e pragmático, notadamente os relativos ao teor de constitucionalidade da Regressiva – objeto de intensa polêmica na doutrina – e aspectos processuais do instituto em exame. Ademais, cuida de abordar o prazo prescricional e a questão tormentosa relativa à prescrição da ação.

O autor é figura conhecida nos meios previdenciários, tanto por seus escritos no plano acadêmico quanto no plano da militância profissional, como advogado de causas previdenciárias.

Deste importante estudo ressai certa questão de fundo: a da necessidade do sistema de seguridade social encontrar verdadeiras e próprias bases de financiamento que, além do prestígio da mecânica do seguro – não suficientemente explorada no contexto da Previdência Social – também desvale novos sinais de riqueza cuja tributação possa incrementar as receitas da imensa estrutura social engendrada pela Constituição Cidadã, de 1988.

Força concluir que este livro – e não o digo à força do lugar comum – ocupará lugar de destaque na literatura especializada em seguridade social e suscitará, sem dúvida, novas reflexões sobre o oportuno e atual tema da Regressiva. Daí a sua extrema utilidade.

PROFESSOR DOUTOR WAGNER BALERA
Titular da Faculdade de Direito. Coordenador do Núcleo de
Direito Previdenciário do Programa de Pós-Graduação em Direito
da Pontifícia Universidade Católica de São Paulo

I

Introdução

1. DELIMITAÇÃO DO ESTUDO

Este trabalho tem por escopo contextualizar a pretensão deduzida por meio da Ação Regressiva levando-se em conta o entorno que a cerca. Em breves linhas, esta ação é ajuizada pelo Instituto Nacional do Seguro Social (INSS), em nome da Previdência Social, sempre que houver a concessão de benefício cuja origem seja um acidente do trabalho acarretado por culpa da empresa em razão do descumprimento de normas de segurança do trabalho.

Apenas com o intuito de fornecer algum prévio subsídio para o desenvolvimento do estudo, registre-se que a Ação Regressiva encontra previsão no art. 120 da Lei n. 8.213/91:

> Art. 120. Nos casos de negligência quanto às normas padrão de segurança e higiene do trabalho indicados para a proteção individual e coletiva, a Previdência Social proporá ação regressiva contra os responsáveis.

O INSS encontra-se *obrigado* a socorrer-se do Poder Judiciário para reaver valores despendidos em razão da concessão de benefícios decorrentes de acidente do trabalho. A responsabilidade da empresa causadora do dano será subjetiva. Vale dizer, pois, que o sucesso da ação está atrelado à verificação de culpa na omissão ou comissão do autor do dano.

O desenrolar do estudo evidenciará semelhanças e diferenças entre as relações jurídicas estabelecidas no contrato de seguro regido pelo direito civil e aquelas encontradas no seio da Previdência Social. De pronto, constatam-se duas precípuas situações análogas destes dois universos: ambos lidam com gerenciamento do risco; ambos possuem finalidade social. Entretanto, as relações instituídas no âmbito do direito privado guardam profundas dissonâncias com as observadas no domínio da Previdência Social, e sob este enfoque será analisada *a pretensão deduzida* por meio da Ação Regressiva, constatando-se quais seus possíveis fundamentos de validade e se ponto paritário existiria no direito privado.

A palavra *pretensão* vem em destaque, pois o trabalho não se presta, como não poderia, para comparação entre questões de direito material (contrato de seguro), com direito processual (ação regressiva). Aliás, a escolha do legislador pela redação do dispositivo citado é merecedora de críticas: o mais correto do ponto de vista técnico seria apontar qual direito corresponde à concessão de benefícios acidentários ocorridos em descumprimento de normas de segurança, em vez de indicar que certa ação será proposta.

Metodologicamente, o estudo inicia-se com a definição e o apontamento das principais características do contrato de seguro, na forma como definido pelo Código Civil.

Por óbvio, não se busca esgotar a matéria, mas sim apresentar elementos essenciais para o desdobramento do tema, que percorrerá as linhas acima traçadas.

Neste sentido, o desenvolvimento dos conceitos de direito civil levam em conta o fim do trabalho e não a abordagem completa do tema, que já foi feita com mais propriedade por diversos outros autores. Exemplificativamente, não é mencionado que o contrato de seguro é denominado "apólice". Todavia, analisa-se o conflito interno experimentado pelas partes ao manifestarem a vontade na celebração desta avença, circunstância que se mostra mais relevante para comparação a ser feita. Basta notar, por exemplo, que o INSS não escolheu figurar com sujeito de obrigações, o que não vem sendo lembrado por diversos defensores do direito de reaver as despesas com benefícios previdenciários, nos moldes do art. 120 da Lei n. 8.213/91.

II

CONTRATO DE SEGURO NO DIREITO CIVIL

1. DAS OBRIGAÇÕES: NOÇÕES GERAIS. DIREITO PRIVADO E DIREITO PREVIDENCIÁRIO

O direito das obrigações exerce grande influência na vida econômica, ao regular relações da infraestrutura social. O número de vínculos obrigacionais travados dia a dia ascende a milhões[1], presentes tanto nos liames estabelecidos pelo contrato de seguro quanto naqueles verificados na esfera da Previdência Social. Encontra previsão no direito privado, situando-se, topograficamente, no Livro I da Parte Especial do Código Civil.

Há direitos que não são exercidos sobre a própria pessoa humana, como no caso do direito da personalidade, e que não se agasalham na intimidade do ser humano, residindo figurativamente na própria sociedade. Esses bens possuem sempre valor econômico e se dividem em reais e obrigacionais. No direito real a coisa fica sujeita à vontade de seu titular, que o exerce sem intervenção de quem quer que seja. Os direitos obrigacionais, por seu turno, "dependem de uma prestação devida pelo devedor ao credor, que se encontram vinculados em uma relação jurídica obrigacional".[2]

---

(1) GOMES, Orlando (Atualizado por Edvaldo Brito). *Obrigações*, 17. ed. Rio de Janeiro: Forense, 2008. p. 8.

(2) AZEVEDO, Álvaro Villaça. *Teoria Geral das Obrigações e Responsabilidade Civil*. 12. ed. São Paulo: Atlas, 2011. p. 2.

Obrigação, pois, "é o vínculo de direito pelo qual alguém (sujeito passivo) se propõe a dar, fazer ou não fazer qualquer coisa (objeto), em favor de outrem (sujeito ativo)".[3]

Desta definição, destacam-se seus elementos constitutivos: *a)* as partes; *b)* o vínculo jurídico; *c)* a prestação. Assim, "a obrigação constitui-se, modernamente, também, de três elementos essenciais: um subjetivo, outro espiritual e outro objetivo".[4]

As partes serão sempre o credor (sujeito ativo) e o devedor (sujeito passivo). O primeiro tem expectativa de satisfação pelo desfecho da obrigação a ser cumprida pelo segundo, que deverá, como dito, dar, fazer ou não fazer alguma coisa.

Conforme mencionado, o vínculo jurídico é espiritual e, como tal, constitui elemento imaterial. É jurídico, pois disciplinado em lei, que, ademais, diretamente ou indiretamente acaba sempre por ser *causa* das obrigações. É por meio dele (do vínculo jurídico) que poderá o credor valer-se de coercibilidade para satisfação do crédito em caso de inadimplemento, impondo execução patrimonial do outro polo da relação.

ORLANDO GOMES sublinha que *dever jurídico*, analisado fora do contexto obrigacional, constitui-se na "necessidade que corre a todo indivíduo de observar as ordens ou comandos do ordenamento jurídico, sob pena de incorrer numa *sanção*". As relações obrigacionais consistem-se no próprio dever jurídico, podendo ser definidas como o "comportamento exigível pelo titular do respectivo direito subjetivo".[5]

É ademais o que decorre do art. 389 do Código Civil:

> Art. 389. Não cumprida a obrigação, responde o devedor por perdas e danos, mais juros e atualização monetária segundo índices oficiais regularmente estabelecidos, e honorários de advogado.

Por "cumprida" entenda-se *na exata forma em que fora prevista a obrigação*. A supressão da expressão "ou deixando de cumpri-la pelo modo e no tempo devidos", contida no dispositivo correspondente do Código de 1916, não significa, pois, que a realização imperfeita não gere perdas e danos.[6]

Por influência do direito alemão, alguns autores distinguem o elemento *dívida (Shuld)*, consistente no dever que incumbe ao sujeito passivo, da *responsabilida-*

---

(3) RODRIGUES, Silvio. *Direito Civil. Parte Geral das Obrigações*, vol. 2, 23. ed. São Paulo: Saraiva, 1995. p. 4.

(4) AZEVEDO, Álvaro, Vilaça, ob. cit., p. 15.

(5) Ob. cit., p. 11.

(6) BDINE JR. Hamid Charaf. (Coord. Cezar Peluso). *Código Civil Comentado*, 5. ed. Barueri: Manole, 2011. p. 407.

de (Haftung), representada pela prerrogativa conferida ao credor de executar o patrimônio daquele no caso de inadimplemento. O credor tem, pois, o livre-arbítrio para não cumprir a obrigação; mas da sua responsabilidade não pode esquivar-se.[7]

As obrigações podem surgir tanto diretamente do ordenamento jurídico positivo quanto do "fato do homem"[8] consubstanciado num ato lícito (contrato) ou ilícito (responsabilidade civil).

A vontade da lei nasce do ato de império do Estado. Assim, v.g., "o direito a alimentos é da personalidade, encontra fundamento na preservação da própria vida, tendo a lei interesse imediato em protegê-la. Tudo acontece como se uma vontade superior a dos indivíduos estivesse a policiá-los para uma perfeita harmonia de entendimento entre os homens".[9]

O Código Civil contempla, ao lado do contrato e do ato ilícito, o ato unilateral de vontade como fonte das obrigações. Este gênero tem por espécie, exemplificativamente, a promessa de recompensa (art. 854 e ss.). Aponta-se, ainda, a figura do quase contrato, por meio do qual há concordância implícita de um dos polos da relação, como ocorre na gestão de negócios, em que não obstante mostrar-se ausente a autorização do interessado, sua vontade é presumível (arts. 861 e 862), mormente pelo fato de as ações tomadas serem de seu interesse.

Sublinhe-se, todavia, que a obrigação nasce com a realização do fato jurídico. "Há sempre um fato, ou uma situação, que a lei leva em conta para que surja a obrigação". Portanto, "na locução *fontes das obrigações* compreendem-se os *fatos constitutivos* do *debitum* e da *obligatio*, visto como, no Direito atual, não são elementos separados da obrigação".[10]

Para o presente estudo, todavia, mostram-se relevantes a lei e a avença, podendo ser antecipado que, para o caso do contrato de seguro, a fonte será, por óbvio, o contrato, com predominância da autonomia da vontade.

No âmbito do direito previdenciário, por outro lado, a origem da obrigação é sempre a lei, em nada cabendo às partes intrometerem-se nos direitos e deveres por ela criados. As relações jurídicas são, ademais, mais complexas e dinâmicas, de modo a proteger interesses individuais igualmente concretos, em face de determinadas contingências.[11]

Para celebração do contrato, conforme cediço, pressupõe-se que sejam lícito o objeto e as partes capazes, e, sendo assim, tenham idade superior a dezoito anos (art. 4º, I, do CC). Entre dezesseis e dezoito anos, a pessoa dependerá de assis-

---

(7) RODRIGUES, ob. cit., p. 5.
(8) AZEVEDO, Álvaro Villaça. Ob. cit., p. 24.
(9) AZEVEDO, Álvaro Villaça. Ob. cit., p. 24/25.
(10) GOMES, Orlando. Ob. cit., p. 34.
(11) NEVES, Ilídio das. *Direito da Seguridade Social. Princípios Fundamentais numa Análise Prospectiva*. Coimbra: Coimbra Editora, 1996. p. 299.

tência para realização de negócios jurídicos e, portanto, para celebrar contratos e colocar-se na posição de credor ou devedor.

Ao contrário, por imposição legal, o maior de dezesseis anos figurará como sujeito passivo da relação tributária de custeio, caso exerça atividade remunerada (art. 7º, XXXIII, da CF), bem como será credor na relação de benefícios, se concretizado algum dos riscos previstos no art. 201 da Constituição Magna.

Destacam-se no direito previdenciário, pois, duas relações jurídicas obrigacionais. Numa, de natureza tributária, o sujeito ativo será, em regra, a União, detentora do direito subjetivo de receber contribuições sociais daqueles que realizarem a conduta prevista legalmente, ou indicados pela lei como responsáveis.

O CTN define a obrigação tributária em seu art. 113,[12] fazendo distinção entre obrigação principal e acessória. Estabelece que a última tenha por objeto prestações positivas ou negativas no interesse da arrecadação. São consideradas *acessórias* por somente existirem em função da obrigação principal, viabilizando o seu cumprimento[13]; mas seu surgimento independe do destino da primeira e lhe será autônoma, conforme, ademais, dispõe o § 3º do dispositivo citado[14]. Não obstante, são de pouca relevância para o presente estudo, por não serem responsáveis, diretamente, pelo custeio da seguridade social.

Há, ainda, críticas da doutrina em relação à parte final do § 1º do art. 113 do CTN, ao prever-se como obrigação principal o pagamento da multa, pois conflitante com a definição de tributo constante do art. 3º do mesmo diploma legal.[15]

Entretanto, de relevância para este trabalho, temos que, "como ocorre no direito das obrigações em geral, a obrigação tributária consiste em um vínculo que

---

(12) Art. 113. A obrigação tributária é principal ou acessória.

§ 1º A obrigação principal surge com a ocorrência do fato gerador, tem por objeto o pagamento de tributo ou penalidade pecuniária e extingue-se juntamente com o crédito dela decorrente.

§ 2º A obrigação acessória decorre da legislação tributária e tem por objeto as prestações, positivas ou negativas, nela previstas no interesse da arrecadação ou da fiscalização dos tributos.

§ 3º A obrigação acessória, pelo simples fato da sua inobservância, converte-se em obrigação principal relativamente à penalidade pecuniária.

(13) MACHADO, Hugo de Brito. *Curso de Direito Tributário*. 27. ed. São Paulo: Malheiros Editores, 2006. p. 143.

(14) Para o direito civil, as obrigações acessórias ligam-se a outra, como na hipótese da fiança: só surgirá a obrigação do fiador no caso de inadimplemento do sujeito passivo da relação principal (aluguel). "A prestação que devem satisfazer é a mesma, desde que um deva substituir ao outro, mas as duas obrigações, oriundas de atos constitutivos distintos, têm *causa* diversa. Dependendo uma da outra, a *obrigação acessória* só se torna exigível com o inadimplemento da *principal*" (GOMES, Orlando, ob. cit., p. 90). Daí HUGO DE BRITO MACHADO asseverar que "o ser acessória, em Direito Privado, significa estar ligada a uma outra *determinada* obrigação. O caráter de acessoriedade manifesta-se entre uma determinada obrigação, dita principal, e uma outra, também determinada, dita acessória. No Direito Tributário não é assim, mas o caráter de acessoriedade não deixa de existir, embora sob outro aspecto" (ob. cit., p. 143).

(15) CARVALHO, Paulo de Barros. *Curso de Direito Tributário*. 15. ed. São Paulo: Editora Saraiva, 2003. p. 291/292.

prende o direito de crédito do sujeito ativo ao dever do sujeito passivo",[16] cujo nascimento decorre da ocorrência do fato gerador. Neste instante, com o surgimento do vínculo jurídico, encontrar-se-ão definidos o sujeito ativo, que no caso das contribuições sociais será, em regra, a União, bem como o sujeito passivo e o objeto. Assim, quando, v.g., certa empresa remunerar seus empregados, deverá recolher vinte por cento deste montante aos cofres da seguridade social (art. 22 da Lei n. 8.212/91).

Haverá, ainda, o direito à proteção, cujos sujeitos são legalmente definidos.

O sujeito passivo das obrigações de proteção previdenciárias será o Instituto Nacional do Seguro Social (INSS), criado pela fusão do antigo Instituto de Administração Financeira da Previdência e Assistência Social (IAPAS) com o Instituto Nacional de Previdência Social (INPS), conforme dispõe o art. 17 da Lei n. 8.029, de 12 de abril de 1990. Com natureza de autarquia federal, possui personalidade jurídica, e daí sua capacidade para contrair direitos e obrigações. Os sujeitos ativos, aptos a receber inclusive as prestações pecuniárias, serão os segurados e dependentes, tal qual previsto nos artigos 10, 11, 13 e 16 da Lei n. 8.213/91.

De antemão confirma-se a ausência da manifestação da vontade na vinculação entre os sujeitos envolvidos nos liames obrigacionais do direito previdenciário. A nenhum deles é dado poder de escolha. Participa-se das relações simplesmente pela verificação do fato jurídico na forma como previsto na norma. Não há faculdade da empresa, por exemplo, em assumir posição de devedora na relação de custeio, assim como se mostra irrelevante o desejo de o trabalhador ser ou não segurado, ou de o INSS assumir o polo passivo da obrigação de prestar proteção social, conforme disposto na lei.[17]

Oportunamente, será feito maior detalhamento dos sujeitos envolvidos, a fim de se constatar semelhanças e diferenças entre o contrato de seguros e as obrigações estabelecidas no direito previdenciário, contextualizando, neste cenário, a Ação Regressiva.

2. DO CONTRATO DE SEGURO

2.1. Introito

Os contratos em espécie encontram-se sistematizados no Código Civil no Título V da Parte Especial.

---

(16) BASTOS, Celso Ribeiro. Coord. Ives Gandra da Silva Martins. *Comentários ao Código Tributário Nacional*, vol. 2, arts. 96 a 218. 5. ed. São Paulo: Saraiva, 2008. p. 156.

(17) No tocante às leis que estabelecem as relações da seguridade social, ILÍDIO DAS NEVES assevera que: "o direito a segurança social requer, para se concretizar, um quadro normativo preciso, ordenado e institucionalizado, isto é, uma vasta e diversificada legislação, devidamente sistematizada e adequada às diferentes situações em que especificamente se podem encontrar os interessados. É este *complexo normativo* que consubstancia o direito da segurança social". Ob., cit. p. 229.

Apenas com a finalidade de adequadamente situá-los, faz-se mister estabelecermos os conceitos, ainda que de forma sucinta, de fato jurídico e negócio jurídico.

Em seu sentido amplo, a expressão *fatos jurídicos*, segundo SILVIO RODRIGUES, "engloba todos aqueles eventos, provindos da atividade humana ou decorrentes de fatos naturais, capazes de ter influência na órbita do direito, por criarem, ou transferirem, ou conservarem, ou modificarem, ou extinguirem relações jurídicas".[18]

Os fatos jurídicos, portanto, podem ser tanto eventos naturais (um rio que muda seu curso, por exemplo) como decorrer de ação humana. Esta, por seu turno, pode ser lícita ou ilícita.

Em suma, devem ser destacados os *fatos jurídicos em sentido estrito*, isto é, aqueles que não envolvem qualquer ato humano por advirem de forças alheias ao homem, dos atos humanos. A estes, dá-se o nome de *atos jurídicos*, ou *atos jurígenos*, para lembrar que se trata de atos capazes de criar relações na órbita do direito. Podem eles ser ilícitos, se desconformes com a lei, ou lícitos, se com ela se afinarem. Dentre estes (os lícitos), dever-se-ia separar os inspirados num propósito negocial, ou seja, na deliberação de alcançar um efeito jurídico. Tem-se, então, a diferenciação do *negócio jurídico*, em que está presente o intuito negocial, dos atos *meramente lícitos*, em que o efeito jurídico alcançado não é perseguido pelo agente (por exemplo, a descoberta de um tesouro – arts. 1.264 e ss. do CC).[19]

Assim, esquematicamente, os fatos jurídicos podem ser representados da seguinte maneira:

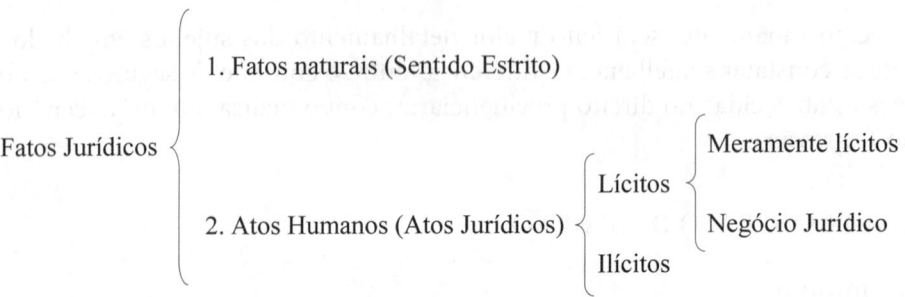

Os contratos, espécies que são de negócio jurídico, têm suas origens no direito obrigacional, sendo, ademais, na linha anteriormente explicitada, uma de suas fontes.

O Código Civil de 1916 não trazia conceito específico de negócio jurídico, pois à época de sua elaboração não havia estudos que amparassem essa delimitação.[20]

---

(18) *Direito Civil*, Vol. 1 – Parte Geral. 24. ed. São Paulo: Saraiva, 1994. p. 159/160.
(19) RODRIGUES, Silvio, *Direito Civil*. Vol. I, ob. cit., p. 161/162.
(20) DUARTE, Nestor. Cezar Peluso (coord.). *Código Civil Comentado*. 5. ed. Barueri: Manole, p. 96.

O art. 104 do CC estabelece os requisitos de validade do negócio jurídico, devendo, para tanto, ser o agente capaz; seu objeto ser lícito, possível, determinado ou determinável; e sua forma encontrar-se prescrita ou não defesa em lei.

Por agente capaz, entendam-se os que não foram excetuados no art. 3º do CC e que, portanto, possam plenamente manifestar sua vontade. Aliás, a vontade, em que pese não ter sido mencionada expressamente no texto legal, é um dos requisitos de existência do negócio jurídico, de sorte que sem um o outro igualmente não ocorrerá.

2.2. Definição e características

O risco é inerente à convivência em sociedade. O homem, diferenciando-se dos outros animais, aprendeu a dele se servir, passando uns a ganhar com ele e outros a eliminá-lo, controlando aquilo que antes seriam consideradas incertezas. O risco, assim como o direito, é modificador de comportamentos.

Conforme sua etimologia, *risco* deriva da palavra italiana *riscare*; o que significa "desafiar". Nesse sentido, ele é mais uma escolha do que um destino[21], provocando o ser humano a movimentar-se.

A habilidade para definir acontecimentos futuros e escolher entre alternativas consiste no cerne da sociedade contemporânea, e a possibilidade de gerenciamento do risco é capaz de guiar-nos por um vasto leque de decisões: o quanto gastar com saúde pública; com guerras; no planejamento familiar etc.[22]

Essa habilidade foi encampada pelo direito por meio do seguro, seja ele privado ou social[23].

A referência à *sociedade contemporânea* feita acima exige menção ao que sociólogos denominam de *sociedade de risco*, responsável pela ampliação das fronteiras do risco abarcado pelos seguros sociais.

A utilização da alta tecnologia fez surgir esta nova modalidade de risco, decorrente da reflexividade da modernização, que traz consigo subprodutos indesejados.[24] Feita alusão a esta nova realidade, ressaltamos que o presente trabalho fixar-se-á nos conceitos do risco social e no tradicional seguro do direito privado.

---

(21) BERNSTEIN, Peter L. *Against the Gods: The remarkable story of risk*. Kindle Edition, 1998. p. 133-38.
(22) BERNSTEIN, Peter L., ob. cit., p. 52-56.
(23) É assim, por exemplo, que já se afirmou que a ideia do seguro social se inspira no desejo profundo dos homens de se livrarem do temor da necessidade, para o que é preciso, dentro de condições exequíveis, garantir ao indivíduo a proteção contra os riscos comuns da vida.
Essa é, aliás, a base sobre que repousa todo o edifício do seguro, quer social, quer privado (ASSIS, Armando de Oliveira. *Em busca de uma concepção moderna de "risco social"*. Compêndio de Seguro Social. São Paulo: Fundação Getúlio Vargas, 1963. p. 25).
(24) O conceito desta nova modalidade de risco é diretamente ligado à ideia de *modernidade reflexiva*, representando meio sistemático de lidar com os perigos e inseguranças induzidas e introduzidas pela

A primeira seguradora a operar no Brasil foi a Companhia de Seguros Boa-Fé, instituída por meio de Decreto n. 73, de 24 de fevereiro de 1808.[25] Não obstante, a regulamentação inaugural da matéria deu-se com o Código Comercial, de 1850, depois de proclamada a Independência.

O Código Civil de 1916, por seu turno, encerrava, no art. 1.432, clara definição do contrato de seguro e quais seus elementos essenciais.

Dizia aquele texto:

> Art. 1.432. Considera-se contrato de seguro aquele pelo qual uma das partes se obriga para com outra, mediante a paga de um prêmio, a indenizar-lhe o prejuízo resultante de riscos futuros, previstos no contrato.

Já a primeira vista, extraem-se da redação quais as obrigações das partes envolvidas, do que decorre o caráter sinalagmático da avença, bem como qual seu objeto. Assim, a um dos contratantes caberá o pagamento daquilo que se denominou de *prêmio*, devendo o outro suportar os prejuízos advindos do infortúnio previsto no contrato. O risco, portanto, é o cerne daquilo que fora pactuado.

---

própria modernização. Assim, ao contrário dos problemas enfrentados pelos seguros sociais, estes riscos são consequências relacionadas à *ameaça* da modernização e pela globalização da dúvida.

Os riscos decorrentes da ecologia e da alta tecnologia não se encontram mais ligados à origem. Pelas suas naturezas, colocam em perigo todas as formas de vida no planeta. A base normativa para seu cálculo – o conceito de acidente e seguro, precauções médicas etc. – não mais se encaixa em sua dimensão.

É possível abordá-los em atenção a cinco características:

1. Podem ser definidos de acordo com o conhecimento e, neste sentido, estão abertos para definição e construção social. Destarte, a mídia e as profissões legais e científicas encarregadas de definir o risco assumem papel sócio-político chave.

2. A princípio, algumas pessoas são mais afetadas do que outras pela distribuição e crescimento dos riscos. Assim, inicialmente, em parte de sua dimensão, os riscos seguem as desigualdades de classe, mas trazem, num segundo momento, lógica de distribuição diferente: cedo ou tarde os riscos da modernização atingem os que os produzem ou lucram com eles. Simultaneamente, os riscos geram nova desigualdade internacional, inicialmente entre o terceiro mundo e os países industrializados e, posteriormente, entre os próprios países industrializados.

3. A difusão e comercialização do risco não fogem das regras do capitalismo, que acaba por ser elevado a um novo nível. Há sempre os que perdem, mas há também os que ganham com as definições do risco; e do ponto de vista destes os riscos da modernização são um grande negócio.

4. O conhecimento ganha um novo significado político a ser analisado de acordo com a origem e difusão do *conhecimento do risco*.

5. O que emerge na sociedade de risco é o potencial político de catástrofes. Evitar e administrar essa situação demanda reorganização de poder e autoridade (BECK, Ulrich. (Trad. Mark Ritter). *Risk Society. Towards a New Modernity*. Londres: Sage Publications, 2007. p. 5, 22/24.

(25) <http://www.planalto.gov.br/ccivil_03/revista/Rev_21/dim24021808.htm>. Acesso em: 22.02.12.

Tão notável é sua relação com o contrato de seguros, que no anterior diploma de Portugal a matéria vinha tratada no capítulo referente ao que foi denominado de "Contratos Aleatórios", *in verbis*:

> Art. 1.537 É contrato aleatório aquele pelo qual uma pessoa se obriga para com outra, ou ambas se obrigam reciprocamente, a prestar ou fazer certa cousa, dado certo fato ou acontecimento futuro incerto.

Alea, do latim, significa sorte. A prestação devida por um dos contratantes, portanto, está à mercê de fato futuro e incerto. O seu resultado poderá ser conhecido; sua efetivação e o momento em que ocorrerá, todavia, são ignorados pelas partes.

No seguro de vida, poder-se-ia questionar que a realização do evento é certa, pois nada é mais certo do que a morte, recaindo a indeterminação somente quanto ao momento em que ocorrerá.

Todavia, neste caso, o valor da indenização é pago não à parte contratante, mas sim aos seus herdeiros ou à pessoa por ela indicada, constituindo verdadeira estipulação a favor de terceiro.[26]

Difere-se do contrato condicional, pois neste a própria existência fica subordinada a fato futuro e incerto, ao passo que no aleatório há convenção definitiva e atual, recaindo a incerteza somente na importância do resultado. Ademais, no contrato condicional, o proveito de uma das partes pode não significar a perda da outra.[27]

O seguro representa, pois, forma de controle do risco, que passa a ser manipulado, reduzindo-se prejuízos por meio da quotização. Daí a lisura do mecanismo depender de bem engendrado cálculo atuarial, apto a determinar o prêmio a ser pago pelos contratantes.

Risco é o perigo que pode correr o objeto segurado, em consequência de acontecimento futuro, estranho à vontade das partes, e deverá, pois, constar expressamente da apólice. Dada sua relevância, alguns o consideram como o próprio objeto do contrato, que, na realidade, é o ressarcimento do dano.[28]

Não se pode perder de vista que na seara do direito privado sempre haverá o caráter negocial da avença[29], residindo aí, em primeiro plano, diferença marcante com o sistema de controle de risco de que se ocupa a Previdência Social.

---

(26) GONÇALVES, Luiz da cunha. *Tratado de Direito Civil em comentário ao Código Civil Português*, vol. VII. Coimbra: Editora Limitada, 1934. p. 301.
(27) GONÇALVES, Luiz da Cunha, ob. cit., p. 299.
(28) BEVILAQUOA, Clovis, ob. cit., p. 195.
(29) Nesse sentido: Insurance is a business that is totally dependent on the process of sampling, averages, independence of observations, and the notion of normal that motivated Graunt's research into London's population and Halley's into Breslaw's. The rapid development of the insurance business at

As seguradoras, por explorarem atividade econômica, preocupam-se com a margem de lucro e atrativos que possam oferecer para o consumidor. Ademais, quanto maior o número de participantes do mesmo seguro, menor será a margem de erro em relação à possibilidade de o risco se concretizar.[30]

Esta assertiva vai ao encontro da reserva técnica gerenciada pela seguradora para prover as indenizações que deverá pagar. Com base na atuária, serão considerados os valores esperados, que representam a média do ganho (ou perda) em relação à chance de que ocorram.

O prêmio do contrato de seguro é, por definição, igual ao valor esperado dos pagamentos devidos, acobertados pela avença. Na mesma esteira, a reserva técnica a ser feita pela seguradora pode ser definida pelo valor esperado de pagamentos a serem feitos, levando-se em conta todas as apólices firmadas.[31]

Denota-se, pois, que o cálculo do prêmio levará em conta a média das probabilidades (valor esperado), informação que refletirá na composição da reserva técnica, responsável por manter o "caixa" com montante suficiente para o pagamento de todas as indenizações.

Todavia, o contrato de seguro no âmbito do direito privado encontra-se a mercê de fatores alheios ao direito, impostos pelo mercado. O valor do prêmio, portanto, que do ponto de vista estritamente jurídico levaria em conta somente a probabilidade de concretização do risco e os custos de administração, será, na prática, fixado segundo outros parâmetros.

KARL BORCH evidencia a flutuação do valor do prêmio em consonância com o Princípio da Equivalência[32] para explicar o maior ou menor número de adesão aos contratos. O número de contratações será inversamente proporcional ao valor do prêmio, que, por seu turno, deverá proporcionar equilíbrio atuarial do seguro. Daí o caráter negocial do direito privado incrementar a relação, exigindo da seguradora a maior precisão possível do cálculo de certa contingência, maximizando sua possibilidade de lucro.

Juridicamente, "prêmio é a soma que o segurado paga ao segurador, como compensação da responsabilidade, que ele assume pelos riscos. É a prestação do segurado no contrato de seguro. Pode ser único ou por prestações periódicas. Se

---

about the time Graunt and Halley published their research is no coincidence. It was a sign of the times, when innovations in business and finance were flourishing (BERNSTEIN, Peter L. ob. cit., p. 1020-31).

(30) As seguradoras devem sujeitar-se a fiscalização e regulamentação do mercado de seguros, pela Superintendência de Seguros Privados (SUSEP), criada pelo Decreto-lei n. 73, de 21 de novembro de 1966. A SUSEP é entidade autárquica, subordinada ao Ministério da Fazenda.

(31) BOCH, Karl. *Reformulation of Some Problems in the Theory of Risk*. Econometric Research Program. Research Memorandum n. 46, Princeton University, 1962.

(32) Segundo RIO NOGUEIRA, este princípio indica que "o valor descontado provável do fluxo constituído pelas receitas deve igualar o valor descontado provável do fluxo das despesas de prestações", in *A Crise Moral e Financeira da Previdência Social*. São Paulo: Difusão Editorial – DIFEL, 1985. p.34.

o prêmio for periódico, e a coisa segura perecer logo após o início do período, o segurador tem direito à prestação integral do período. Nisto consiste a indivisibilidade do prêmio".[33]

Configura ele ao mesmo tempo a prestação paga pelo segurado e o valor responsável pelo fundo formado com base no mutualismo. Independentemente do viés que se dê, denota-se que o não pagamento antes do sinistro implica na perda do direito do recebimento à indenização (art. 763). O dispositivo repisa, para o seguro, a *exceptio non adimpleti contractus* consubstanciada no art. 476 do CC, inerente aos contratos bilaterais.

Todavia, uma vez pago, o prêmio não será devolvido no caso de inocorrência do sinistro. O caráter aleatório, portanto, é ínsito ao contrato, mas apenas dado seu caráter individual, pois para as partes contratantes a contingência poderá se concretizar ou não. Esta incerteza, todavia, é eliminada por meio do cálculo de probabilidades e não recai sobre a seguradora, ao lidar com vasto universo de contratantes. Ela é capaz de enxergar a problemática de um viés tal que a concretização do risco passa-lhe a ser certa. Ainda que não se saiba quais serão os sujeitos afetados, sabe-se quantos deles o serão.

O contato de seguro reflete estas assertivas, formalizando mecanismo de enfrentamento do risco, sem deixar de garantir, contudo, o caráter negocial, representado, em última análise, pelo ganho auferido pela seguradora, que embutirá no prêmio seus custos com administração e lucro.

De toda sorte, conforme asseverado anteriormente, quanto maior o número de segurados acobertados do mesmo risco, com maior precisão dar-se-á o cálculo de probabilidades realizado pela seguradora e melhor serão as possibilidades de ganhos indiretos, como, por exemplo, pela aplicação dos prêmios que recebe.

Constata-se, pois, dois pontos de vista dentre aqueles que ocupam os diferentes polos do contrato de seguro: por parte da seguradora o risco é sinônimo de ganho, pois ela conhece, num dado grupo de pessoas, qual a porção que será afetada. Em contrapartida, o segurado tem o risco eliminado, pois, ainda que não saiba se ele vai se concretizar, passa a ter a garantia de que, caso o infortúnio aconteça, seus prejuízos serão acobertados.

Tem-se, então, delimitada a primeira relação jurídica decorrente do contrato de seguro, que, dada sua natureza bilateral, apresenta, inicialmente, a seguradora como sujeito ativo com o direito de receber o prêmio do segurado, sujeito passivo. Num segundo momento, com a ocorrência do sinistro, os polos invertem-se, devendo o primeiro pagar o valor da indenização para o segundo.

O segurado passará, então, a ocupar o polo ativo da relação desencadeada pela verificação da condição ($p \rightarrow q$), sendo-lhe devido o valor da indenização pelo

---

(33) BEVILAQUA, Clovis. *Código Civil dos Estados Unidos do Brasil Comentado por Clovis Bevilaqua*. Obrigações, tomo 2º, volume V, 5. ed., Rio de Janeiro: Livraria Francisco Alves, 1943. p. 195.

segurador. Da palavra "condição" se depreende o caráter aleatório da avença. Seu desdobramento dependerá, conforme ressaltado, de acontecimento danoso, futuro e incerto.

O risco poderá decorrer de ação humana ou de eventos da natureza. Por óbvio, é perfeitamente possível que as partes se protejam de tragédias naturais. Um agricultor poderá acobertar-se de efeitos danosos em sua plantação, como geadas, ou que seja ela devastada por pragas.

Caberá à seguradora, sob o enfoque negocial do contrato de seguro, e em atenção à autonomia da vontade, intermediar ou não a eliminação de tais riscos. Sublinhe-se de toda sorte que quanto mais peculiar for o objeto do contrato e, por consequência, menor for o número de segurados, maior será o valor do prêmio, a fim de manter o equilíbrio atuarial da avença.

A inviabilidade, todavia, não é jurídica. Do ponto de vista jurídico, qualquer evento futuro e incerto poderá ser objeto da cobertura, inclusive por responsabilidade civil (art. 787 do CC).

Essa era a tradição que vigorava desde o Código Comercial de 1850. Não obstante serem excluídas, por força de Lei, as coisas ilícitas, a vida de pessoa livre e o soldo a vencer de qualquer dos membros da tripulação (Código Comercial, art. 686), qualquer coisa ou interesse apreciável em dinheiro, que pudesse ser exposto aos riscos da navegação, poderia ser objeto de seguro marítimo. "Éra esta a regra que o nosso Código Comercial estabeleceu no art. 685, seguindo os códigos da França, Portugal, Espanha e outros: *permissuam quod non prohibitum.*"[34]

Pode-se ter, ainda, que o evento danoso seja causado por ação humana. Por óbvio, diversos são os exemplos, mas dentre os casos mais corriqueiros destes contratos encontram-se os seguros de veículos automotores. Por meio deles, o segurado acoberta-se dos danos que possa sofrer em decorrência dos riscos de transitar com seu veículo.

Neste caso, o dano pode não ser exclusivamente causado por ações humanas, mas também por adversidades naturais, como queda de árvores, enchentes etc. Novamente, a amplitude da cobertura dependerá da vontade das partes, que poderão desejar excluir possíveis eventualidades. Todavia, ressalta-se à evidência, do ponto de vista jurídico qualquer evento é passível de ser incluído.

Os acidentes podem, por fim, ocorrer por falhas mecânicas e estar, ao menos diretamente, desassociados de conduta humana.

Em que pese a diversidade de causas, mostra-se elucidativo para o presente estudo a situação mais comumente aventada nos seguros de veículos quando os acidentes decorrem em grande parte de ação culposa de algum dos condutores implicados, dentre os quais pode estar incluído o próprio segurado.

---

(34) COSTA, José Silva da. *Seguros Marítimos*. Rio de Janeiro: H. Laemmert & C., Livreiros Editores, 1883. p. 17.

Nem sempre o causador do dano age com culpa no sentido jurídico do termo. Todavia, o sinistro pode decorrer de imprudência ou negligência por parte de qualquer dos sujeitos envolvidos, seja ele o condutor ou não do veículo.

Três são, pois, as possibilidades para o caso de dano decorrente diretamente de ação humana:

a) ausência de culpa de qualquer dos envolvidos;

b) culpa de apenas um dos envolvidos;

c) culpa dos dois envolvidos.

Será excluída, apenas para fins de corte metodológico, a terceira hipótese. De toda forma, as conclusões obtidas pela análise do segundo item podem ser aplicadas a ela, observando-se que, para efeitos civis, cada parte responderá na medida da sua culpa pelo dano causado à outra.

Debruçando-se, pois, mais detidamente sobre a hipótese *b*, verificamos que ela pode ser subdividida em duas proposições:

b1) quando a culpa for do segurado;

b2) quando a culpa for de terceiro, alheio ao contrato de seguro.

Tendo o contrato de seguro por objeto determinado risco e sua indenização, cumpre ser indagado se o dano causado com culpa por parte do segurado ou por parte de terceiro reflete sobre algum aspecto na relação jurídica adrede explicitada.

Frise-se, mais uma vez, que do ponto de vista jurídico não há óbice quanto à cobertura de riscos decorrentes de condutas culposas praticadas pelo segurado.

Nesse sentido, ainda que não pertencente ao mundo dos seguros de veículos, a súmula 105 do STF, exemplificativamente, dispõe:

> Salvo se tiver havido premeditação, o suicídio do segurado no período contratual de carência não exime o segurador do pagamento do seguro.

Verifica-se, pois, que o seguro de vida abrange os casos de suicídio se o segurado não tiver agido premeditadamente, hipótese em que, evidentemente, sua participação é mais intensa do que quando age com culpa em colisões de veículos automotores.

O que se inviabiliza é o agravamento do risco por culpa do segurado. Conjuntura diversa, contudo, é aquela em que o risco coberto pela avença prevê, de antemão, certo comportamento culposo realizado pelo polo passivo da relação jurídica.

Nesse sentido, o Código Civil dispõe que o segurado perderá o direito à garantia quando intencionalmente agravar o risco objeto do contrato (art. 768). Eventual prática de conduta culposa por sua parte, portanto, não restará automaticamente excluída da cobertura, devendo verificar-se aquilo que fora pactuado entre as partes.

Para que a caracterização da culpa se enquadre na previsão do art. 768 do CC é necessário que se dê em grau elevado a ponto de externar a consciência do agente no aumento do risco. A análise da majoração do risco deve ser feita com base na equidade, ademais, conforme constava no art. 1.456 do Código de 1916, pois é de sua essência a boa-fé. "Não se deve exigir do segurado que esteja, angustiosamente, atento a todo perigo para evitá-lo", pois ele contrata o seguro para enfrentar o perigo com maior tranquilidade.[35]

No Código de 1916 havia expressa menção quanto à nulidade do contrato quando o risco fosse filiado a atos ilícitos do segurado (art. 1.436). A doutrina apontava que, em que pese a jurisprudência francesa autorizar a celebração de contrato para os casos de culpa leve, em face do que dispunha o dispositivo citado, não seria possível *seguro da culpa*, pois segundo o antigo art. 159 ela constitui elemento essencial do ato ilícito.[36]

Não obstante, a jurisprudência mais recente já vinha admitindo a não exclusão do dever de indenizar pela conduta culposa do segurado, quando verificada em menor grau[37].

O Código atual modificou a redação do art. 1.436 para excluir expressamente a hipótese de nulidade do contrato nos casos em que o risco consista em atitude culposa do segurado:

> Art. 762. Nulo será o contrato para garantia de risco proveniente de *ato doloso* do segurado, do beneficiário, ou de representante de um ou de outro – destaquei.

O dispositivo apropria a sistemática aos dias atuais. Celebra-se contrato de seguro para afastar não apenas fatos praticados por terceiros ou de origem natural. Ainda que caracterizadora de conduta ilícita, a culpa leve é recorrentemente apresentada pelo homem médio, o que consiste na justificativa da contratação de seguro para, por exemplo, eliminar o risco de por um descuido no trânsito causar-se dano a terceiro.[38]

A cláusula que prevê a cobertura de danos contra terceiros é, portanto, a concretização do objeto previsto na avença: agindo o segurado com culpa e tendo o

---

(35) BEVILAQUA, Clovis, ob. cit., p. 214.

(36) BEVILAQUA, Clovis, ob. cit., p. 197.

(37) Nesse sentido: O ingresso do segurado em contra-mão de direção não é causa de excludente da cobertura securitária prevista no art. 1.454 do Código Civil, eis que constitui evento previsível de acontecer no trânsito, em face da complexidade da malha viária (REsp. n. 246631, 4ª Turma do STJ, Rel. Min. Aldair Passarinho Junior, DJ 19.08.2002, v.u.).

(38) Nesse sentido: "o só fato da ingestão de álcool não conduz ao afastamento da obrigação de indenizar, porquanto a cobertura securitária objetiva, precisamente, cobrir os danos advindos dos acidentes, e não se espera que tais sinistros sejam, sempre, causados por terceiros" (REsp 595551/RS, 4ª Turma do STJ, Rel. Min. Aldair Passarinho Junior, DJ 10.10.2005. v.u.).

dever de reparar a vítima de acidente que causou na condução do seu veículo, será ressarcido dos prejuízos pela seguradora em razão do prêmio que pagou.

Nesse sentido:

Toda essa sistemática, porém, gerava, no Código de 1916, duas perplexidades. Uma, a de que, se se referia, no art. 1.436, ao risco filiado a atos ilícitos do segurado, em tese se poderia considerar aí abrangida a mera conduta culposa do segurado, diferentemente de tudo quanto se vem de asseverar acerca do intuito da lei. Imagine-se, por absurdo, a nulidade de cobertura securitária para danos provocados em acidente de automóvel, quando este tenha ocorrido por culpa do segurado. (...) Em segundo lugar, o Código anterior aludia ao ilícito, característico do risco coberto, praticado não só pelo segurado, pelo beneficiário ou por seu representante, mas também pelo preposto. A esse respeito, basta pensar, de novo, no acidente de automóvel provocado pelo preposto de empresa segurada, mesmo que por conduta dolosa. Seria nulo o seguro que o cobrisse.[39]

Na mesma linha, o seguro de responsabilidade civil previsto no art. 787 do Código Civil poderá contemplar a culpa do segurado, com o dever de a seguradora cobrir os prejuízos advindos de dano causado a terceiro, de sorte que atualmente é explícita a possibilidade de contrato de seguro versar sobre risco decorrente de ato ilícito[40].

Outro é o prisma quando ato danoso é praticado por terceiro, pois sempre haverá, nesta hipótese, dever de indenizar, seja por parte da seguradora, seja por parte do autor do prejuízo.

Aliás, neste caso, ter-se-iam duas relações jurídicas distintas: uma verificada entre seguradora e segurado, com o dever da primeira em ressarcir o dano sofrido; outra estabelecida entre o segurado, vítima, e o terceiro, causador do dano, tendo por fundamento jurídico a responsabilidade civil.

Conforme anteriormente explicitado, o segurado fará jus, então, à reparação nos moldes em que contratada, estando ele em dia com suas obrigações, tendo em vista a natureza bilateral do contrato de seguro.

Independentemente do teor da avença, terá o causador do dano dever de reparar os danos que causou ao agir com culpa, com base na responsabilidade civil, a ser oportunamente explicitada.

---

(39) GODOY, Claudio Luiz de. Ob. cit., p. 785.

(40) Segundo VOLTAIRE GIAVARINA MARENSI, "o seguro da responsabilidade civil, porém, vai acobertar os danos ocasionados a terceiros sempre que houver culpa *stricto sensu* do segurado. O dolo, excepcionalmente, também tem cobertura quando o ilícito é perpetrado por terceiro não segurado, dando azo à sub-rogação por parte da segurada até quando aquele ato doloso tenha sido causado pelo cônjuge do segurado, seus descendentes ou ascendentes, consanguíneos ou afins, tudo como se dessume da leitura do § 1º do art. 786 do atual Código Civil" (*In Aspectos Relevantes do Seguro de Responsabilidade Civil*. Revista Lex do Direito Brasileiro n. 45, mai.-jun./2010, São Paulo: Lex Editora, 2010. p. 184).

Vislumbra-se, todavia, a independência entre as relações jurídicas que vêm ao mundo quando da ocorrência do sinistro. Uma decorrente do contrato, vinculando seguradora e segurado; outra tendo como fonte a responsabilidade civil (lei), estabelecendo o liame entre causador do dano e vítima. De fato, seria imponderável imaginar que a relação existente entre segurado e seguradora pudesse repelir o dever de reparação do causador do dano.

Por outras palavras, eventual contrato de seguro não elide o dever de ressarcimento por parte do autor do dano, sob pena de se conceber a seguinte e estranha situação: caso o Sujeito A, trafegando na contramão (culpa), viesse a colidir com os Sujeitos B e C, sendo que somente o último possuísse seguro, teria o Sujeito A dever de indenizar somente o B, pois C estaria acobertado pela seguradora.

Não obstante, poderia causar espécie a possibilidade de o segurado receber a indenização duas vezes: uma da seguradora e outra do causador do dano. Analisando a questão do ponto de vista econômico, e imaginando-se que não houve perturbação à sua integridade física ou moral, o dano sofrido pelo segurado, de rigor, não corresponde às avarias do seu veículo, mas sim ao valor do prêmio que pagou para a seguradora.[41]

Por este motivo, o legislador estipulou, por meio do mecanismo da sub-rogação, que a seguradora passe a ser detentora do direito do ressarcimento devido pelo causador do dano.

Sublinhe-se, ademais, que o montante arrecadado com o ressarcimento, ao integrar o "caixa" da seguradora, poderá ser repassado aos demais segurados, pela redução do prêmio a ser pago. Por óbvio, tendo em vista o cálculo atuarial previamente realizado, estas circunstâncias são passíveis de serem contabilizadas inicialmente, de sorte que, do prêmio, possam ser descontados os valores que serão reavidos pela seguradora.

Na média, portanto, o pagamento do prêmio contempla as indenizações futuramente recebidas, mostrando-se socialmente mais justo que sejam direcionadas à seguradora e não ao segurado.

Não há como saber se efetivamente haverá a contabilização da indenização no cálculo do valor do prêmio. Uma forma indireta de controle, porém, é o mercado, que selecionará as melhores ofertas. De todo modo, a sub-rogação favorece este desencadeamento, situação que não ocorreria se o segurado recebesse a indenização duas vezes: da seguradora que contratou e do causador do dano.

---

(41) O Código Comercial de 1850 permitia a realização de seguro do valor do prêmio. Sendo este o valor do risco, naturalmente onera as despesas do segurado, não obstando o referido diploma que viesse igualmente a alimentar o seguro, logicamente mediante a paga de um novo prêmio (COSTA, José Silva da. *Seguros Marítimos*. Rio de Janeiro: H. Laemmert & C., Livreiros Editores, 1883. p. 33).

2.3. Espécies

Duas são as espécies de contratos de seguro previstos no Código Civil, elencadas a partir do art. 778 do Código Civil: o seguro de dano (Seção II); o seguro de pessoas (Seção III). Ambos subordinam-se às disposições gerais previstas na Seção I do capítulo que trata da matéria.

Além destas duas abrangentes divisões, outras características podem ser destacadas, mas, conforme asseverado, sempre subordinadas às linhas mestras traçadas nas disposições gerais do Capítulo que rege o contrato de seguro. Assim, exemplificativamente, o seguro de pessoas, que tem por objetivo garantir o pagamento de indenização ao segurado e seus beneficiários, pode versar sobre a vida, funeral, acidentes pessoais, desemprego (perda de renda), incapacidade temporária etc.[42]

Podem, ainda, ser aventados de forma individual ou coletiva. Nos seguros coletivos, os segurados aderem à apólice contratada por certo estipulante, que tem poderes de representação dos segurados perante a seguradora, nos termos da regulamentação vigente.

Todos os tipos poderão, ainda, ser estipulados à conta de outrem, situação em que o instituidor pagará o prêmio, beneficiando terceira pessoa, conforme dispõe o art. 767 do Código Civil.

Estas peculiaridades não lhes desvia da linha mestra, que consiste na possibilidade de gerenciamento do risco, mediante o pagamento de um prêmio por uma das partes e da indenização ao segurado por conta da seguradora.

O seguro instituído à conta de outrem merece, contudo, algumas considerações, mormente no que diz respeito ao seguro obrigatório por danos pessoais causados por veículos automotores de vias terrestres (DPVAT), de que trata a Lei n. 6.194, de dezembro de 1994.

O art. 27, parágrafo único, da Lei n. 8.212/91 prevê que 50% do valor arrecadado para o DPVAT seja destinado ao orçamento da seguridade social, mais especificamente para o Sistema Único de Saúde (SUS). O Código de Trânsito, em seu art. 78[43], prevê, todavia, que 10% desta fração seja repassada ao Coordenador do

---

(42) Informações disponíveis no sítio eletrônico da SUSEP, <www.susep.gov.br/-menu/informacoes--ao-publico/planos-e-produtos/seguros/seguro-de-pessoas>. Acesso em: 10.12.12.

(43) Art. 78. Os Ministérios da Saúde, da Educação e do Desporto, do Trabalho, dos Transportes e da Justiça, por intermédio do CONTRAN, desenvolverão e implementarão programas destinados à prevenção de acidentes.
Parágrafo único. O percentual de dez por cento do total dos valores arrecadados destinados à Previdência Social, do Prêmio do Seguro Obrigatório de Danos Pessoais causados por Veículos Automotores de Via Terrestre – DPVAT, de que trata a Lei n. 6.194, de 19 de dezembro de 1974, serão repassados mensalmente ao Coordenador do Sistema Nacional de Trânsito para aplicação exclusiva em programas de que trata este artigo.
A redação do dispositivo é falha, pois menciona valores arrecadados por meio do DPVAT e destinados à Previdência Social, quando na realidade o direcionamento é para a área da saúde, um dos pilares da Seguridade Social.

Sistema Nacional de Trânsito, a fim de, por intermédio do CONTRAN, implantar programas de prevenção a acidentes.

Assim, em suma, 45% do montante arrecadado por meio do DPVAT será destinado à Seguridade Social, 5% ao CONTRAN, e o restante será utilizado para reparação de danos pessoais causados por veículos automotores nas vias terrestres, caracterizado como seguro em favor de outrem por imposição legal, em que pese o próprio condutor poder, igualmente, usufruir da indenização.

Possuem maior relevo para o presente estudo o conteúdo dos artigos 7º e 8º da Lei n. 6.194/74, sendo a redação do primeiro dispositivo estabelecida pela Lei n. 8.441/92, que assim dispõe:

> Art. 7º A indenização por pessoa vitimada por veículo não identificado, com seguradora não identificada, seguro não realizado ou vencido, será paga nos mesmos valores, condições e prazos dos demais casos por um consórcio constituído, obrigatoriamente, por todas as sociedades seguradoras que operem no seguro objeto desta lei.
>
> § 1º O consórcio de que trata este artigo poderá haver regressivamente do proprietário do veículo os valores que desembolsar, ficando o veículo, desde logo, como garantia da obrigação, ainda que vinculada a contrato de alienação fiduciária, reserva de domínio, *leasing* ou qualquer outro.
>
> ...
>
> Art. 8º Comprovado o pagamento, a Sociedade Seguradora que houver pago a indenização poderá, mediante ação própria, haver do responsável a importância efetivamente indenizada.

Há, na referida Lei, duas previsões quanto ao direito de ressarcimento da seguradora que arcar com as despesas advindas do pagamento da indenização. A primeira, específica, cuida dos casos em que o causador do acidente não é identificado ou quando não recolheu o valor do prêmio. A segunda, por seu turno, é genérica, sendo aplicável em todos os casos de pagamento de indenização, indistintamente.

Inicialmente, sublinhe-se que o art. 8º, que cuida do direito de regresso genérico, contraria os ditames do Código Civil, mormente no que diz respeito à impossibilidade de sub-rogação por parte da seguradora nos direitos e ações que competirem ao segurado contra o autor do dano (art. 786 c.c. 800, ambos do CC).

O instituto da sub-rogação será abordado com o devido detalhamento oportunamente, mas, desde já, fica consignada a impossibilidade de ser aplicado para o caso dos seguros de pessoas, por força da disposição contida no art. 800 do CC.

Esta é a impropriedade em que incorreu o art. 8º da Lei n. 6.194/74. Não seria razoável imaginar que o dispositivo não encerre a possibilidade de sub-rogação, pois, caso contrário, permitir-se-ia que a seguradora recebesse duas vezes: uma quando do pagamento do prêmio e outra quando do direito de regresso contido no artigo em comento. Mais ainda, ter-se-ia a possibilidade de o causador do dano pagar duas vezes a indenização pelo mesmo fato: uma quando acionado pela seguradora e outra devida à vítima.

A manutenção dos efeitos do art. 8º, ademais, tornaria sem efeitos o disposto no parágrafo único do art. 7º, pois quem pode o mais pode o menos. Se for possível à seguradora, por força do primeiro dispositivo, reaver a soma da quantia que despendeu em qualquer caso, por óbvio ser-lhe-ia permitido assim agir quando o autor do dano não tivesse pagado o prêmio.

Por isso, o art. 8º, mormente depois da vigência do Código Civil atual, restou inaplicável, conforme, ademais, assinalado pela Resolução CNSP n. 154, de 8 de dezembro de 2006, que em seu art. 23 limita a possibilidade de sub-rogação somente para os casos em que não houve pagamento do prêmio, nos seguintes termos:

DA SUB-ROGAÇÃO

Art. 23. Efetuado o pagamento da indenização, a sociedade seguradora poderá, mediante ação própria, de rito sumaríssimo, contra o responsável, haver o ressarcimento da importância efetivamente indenizada, salvo se, na data da ocorrência do evento, o veículo causador do dano estiver com o bilhete de seguro DPVAT em vigor.

A exegese conferida pela Resolução ajusta-se mais adequadamente à sistemática do seguro, que pressupõe o pagamento prévio do prêmio para acobertar as indenizações que serão devidas quando da concretização do risco. Sendo o DPVAT seguro obrigatório, imposto por lei, consistindo num direito das vítimas de veículos automotores, não pode deixar de ser pago, dado seu caráter social, promovendo solidariedade e dignidade da pessoa humana. Todavia, caso o causador do dano seja inadimplente com suas obrigações, estará sujeito à ação de regresso por parte da seguradora.

Tecidos estes breves comentários, seguem as linhas gerais dos dois tipos de seguros previstos no Código Civil: de dano e de pessoas.

A primeira espécie, do seguro de dano, caracteriza-se pelo direito de o segurado receber determinado valor por objeto indicado no contrato, quando da concretização do risco.

O legislador enfatizou a noção de que o contrato de seguro não se presta ao locupletamento das partes contratadas. Desta forma, o art. 778 estabelece que o valor da indenização não possa ultrapassar o do interesse do segurado. A mesma disposição é repetida no art. 781[44], ao prever exceção para esta máxima no caso de mora do segurador.

Estes dispositivos devem ser, ademais, interpretados em consonância com o art. 766, que consagra a aplicação do princípio da boa-fé para o contrato de segu-

---

(44) Art. 781. A indenização não pode ultrapassar o valor do interesse segurado no momento do sinistro, e, em hipótese alguma, o limite máximo da garantia fixado na apólice, salvo em caso de mora do segurador.

ro, impondo ao segurado a obrigação de fazer declarações exatas no momento da contratação. Por óbvio, este dever encontra-se presente em todas as modalidades de contrato. De qualquer maneira, este princípio é qualificado no caso do seguro, dada sua repercussão social e a necessidade de o segurador, valendo-se das informações, realizar o cálculo adequado do prêmio.

Veda-se, pelo mesmo motivo, a contratação de mais do que um seguro para cobertura integral do mesmo bem (art. 782):

> Quem assegura uma coisa por mais do que valha desnatura o contrato de seguro e faz presumir a intenção dolosa de lucrar o seguro pelo sacrifício do objeto segurado. A mesma intenção dolosa revela aquele que segura o objeto em sua totalidade, mais de uma vez[45].

Estará, ainda, o segurado coberto de todos os prejuízos decorrentes do acidente, como os advindos de estragos ocasionados para evitar o sinistro.

Ainda que o seguro de coisas se opere, assim como as outras modalidades, por meio da quotização em atenção ao princípio da mutualidade, guarda profundas diferenças em relação aos bens tutelados pela Previdência Social, que se aproxima do seguro da pessoa, tratado a partir do art. 789 (seção III).

Destaca-se, todavia, a sub-rogação prevista no art. 786 mencionada anteriormente e a ser tratada em tópico específico, que determina que a seguradora seja detentora dos direitos do segurado em face do autor do dano. Há *aparente* semelhança entre este mecanismo e a Ação Regressiva movida pelo INSS em face da empresa que agiu com culpa no acidente sofrido por trabalhador seu (art. 120 da Lei n. 8.213/91).

No direito privado, todavia, esta previsão é restrita para o seguro de dano, não se aplicando para o seguro de vida.

As profundas investidas do direito público na seara do direito securitário mostram-se mais notórias quando da constatação do caráter social dos seguros de vida. Não se diga que o seguro de dano não tenha, igualmente, finalidade social, por promover, ao menos até certa medida e dentro das limitações impostas pela capacidade de negociação das partes, alguma distribuição de renda.

A repartição é inerente ao mecanismo do seguro. Alguns poderão nunca incorrer no sinistro e outros experimentarão deste dissabor repetidas vezes. De toda forma, ainda que intermediados pela seguradora, todos contribuirão para o alento daquele que foi alvo do infortúnio.

Daí, ademais, a necessidade de regulamentação e fiscalização dos mercados de seguro, que, conforme disposição do Decreto-lei n. 73, de 21 de novembro de

---

(45) BEVILAQUA, Clóvis. *Código Civil dos Estados Unidos do Brasil Comentado por Clovis Bevilaqua.* vol. V, 5. ed. Rio de Janeiro: 1943. p. 198.

1966, é feita pela Superintendência de Seguros Privados (SUSEP), entidade autárquica, atualmente subordinada ao Ministério da Fazenda.

A distinção mais marcante entre o seguro de coisas e o seguro de pessoas talvez seja a natureza alimentar da prestação paga no último caso.

Houve até o apontamento daqueles que negassem ao seguro de pessoas o caráter indenizatório. Conquanto deva ser reconhecido que a medida exata do dano, para este caso, não possa ser tomada por base para determinar a indenização, a soma assegurada acha-se em relação direta com o prêmio. Isso confere feição própria ao seguro de vida, não para afirmar que não haja nele, além dos fins de previdência, certa natureza indenizatória, que compreende, ademais, valores materiais e morais.[46]

É do seu fim no alcance social e cunho alimentar que decorre a imposição do Código Civil (art. 795) em, rigorosa e peremptoriamente, ter como nula, nesta modalidade de seguro, qualquer transação para pagamento reduzido do capital,[47] avizinhando-o aos benefícios pagos pela Previdência Social, protegidos que são da irredutibilidade (art. 194, parágrafo único, IV, da CF).

A natureza alimentar da contraprestação contratual fica mais evidente ao analisarmos o disposto no art. 794 do Código Civil:

> Art. 794. No seguro de vida ou de acidentes pessoais para o caso de morte, o capital estipulado não está sujeito às dívidas do segurado, nem se considera herança para todos os efeitos de direito.

Com a ocorrência do sinistro, o direito do beneficiário ou do segurado torna-se definitivo, consagrada a autonomia do que fora estipulado contratualmente.

Desta autonomia resulta que, se o beneficiário for um dos herdeiros necessários do estipulante, a quantia recebida não deve ser levada à colação. Se os herdeiros não tiverem direito de receber a quantia quando o beneficiário for pessoa estranha, não haverá motivos para outra conduta nos casos em que for ele outro herdeiro.[48]

Não é por outro motivo que o Código de Processo Civil considera impenhorável o valor recebido por seguro de vida, em seu art. 649, IV.

Ainda à semelhança das disposições previdenciárias, especificamente quanto à impossibilidade de redução do valor do benefício (art. 194, parágrafo único, IV, da CF), o art. 795 veda, sob pena de nulidade, qualquer transação para pagamento reduzido

---

(46) BEVILAQUA, Clovis. Ob. cit., p. 228.
(47) VENOSA, Sílvio de Salvo. *Direito Civil. Contratos em Espécie.* vol. 3, 11. ed., São Paulo: Editora Atlas, 2011. p. 369.
(48) BEVILAQUA, Clóvis. *Código Civil dos Estados Unidos do Brasil Comentado por Clovis Bevilaqua.* Vol. V, 5. ed. Rio de Janeiro. 1943. p. 234.

do capital segurado. Assim, em razão da natureza alimentar do valor, relacionando-o à dignidade da pessoa humana, a legislação pátria confere a indisponibilidade do direito, mesmo que as partes, legalmente capacitadas, pretendam dispor dos seus interesses.

"Lembre-se que no seguro de pessoa a fixação do valor segurado se faz de forma apriorística, por estimativa das partes, com base na qual, frise-se, se calcula o prêmio a ser pago[49]." O valor a ser arcado pelo seguro, portanto, do ponto de vista estritamente contratual, é a contraprestação do segurador em razão do pagamento do prêmio pelo segurado e será devido quando a condição prevista se concretizar. A indisponibilidade decorre, pois, não do vínculo em si, mas da natureza da verba, que, caso pudesse ser reduzida estritamente a efeitos patrimoniais, nada impediria que fosse repactuada pelas partes.

Importante ressaltar a limitação consignada no art. 800 do Código Civil, sem correspondência no diploma anterior:

> Art. 800. Nos seguros de pessoas, o segurador não pode sub-rogar-se nos direitos e ações do segurado, ou do beneficiário, contra o causador do sinistro.

Em suma, a diferença entre as duas espécies de contrato de seguro é que no de dano lida-se com bens jurídicos cujo valor possui cunho estritamente patrimonial. O autor do dano, portanto, terá causado prejuízo cuja valoração encontrará sempre, mesmo que em última análise, correspondência financeira.

A mensuração da vida ou de valores morais por meio de dinheiro, por seu turno, merece ser repelida. Deste tema cuidaram os utilitaristas, encabeçados por JEREMY BENTHAM, ao proporem que a aprovação ou não de qualquer ação dá-se de acordo com o aumento ou diminuição da felicidade das partes cujos interesses estão em jogo.[50]

Na tentativa de atribuir grandezas para comparação do que seria mais ou menos agradável ou desagradável, e em consonância com a teoria utilitarista, EDWARD L. THORNDIKE conduziu pesquisa questionando, *v.g.*, "quanto se pagaria para a remoção de um dos dentes da frente"; ou "para ter o dedo mínimo de um dos pés amputado"; ou "para comer uma minhoca com cerca de 15 cm viva"; ou "matar um gato vivo com as próprias mãos"; ou, ainda, "viver o resto da vida em uma fazenda em Kansas, a 16 km de qualquer cidade".[51]

---

(49) GODOY, Cláudio Luiz Bueno (Coord. Cezar Peluso). *Código Civil Comentado*. 5. ed. Barueri: Manole, 2011. p. 824.

(50) By the principle of utility is meant that principle which approves or disapproves of every action whatsoever. according to the tendency it appears to have to augment or diminish the happiness of the party whose interest is in question: or, what is the same thing in other words to promote or to oppose that happiness. I say of every action whatsoever, and therefore not only of every action of a private individual, but of every measure of government. BENTHAM, Jeremy. *An Introduction to the Principles of Morals and Legislation*. Batoche Books, Kitchener, 2000. p. 14.

(51) In *Human Nature and the Social Order* – versão resumida editada por Geraldine Joncich Clifford, Boston: MIT Press, 1969. p. 78, 83.

As respostas foram as seguintes:

Dente: US$ 4.500,00

Dedo: US$ 57.000,00

Minhoca: US$ 100.000,00

Gato: US$ 10.000,00

Kansas: US$ 300.000,00

Não obstante não ser a intenção da pesquisa, seu resultado demonstra ser repudiável a correspondência financeira de bens jurídicos relacionados à qualidade de vida e moral, mormente com fins mercadológicos.

Verifica-se, pois, que o valor contratado pelo seguro de pessoas não se presta a valorar a vida de quem quer que seja, mas sim promover certo alento financeiro àqueles que dele dependam, presumidas suas maiores longevidades.

A sistemática adotada pelo Código afasta, ademais, a transferência do direito do ofendido do valor estipulado no contrato. Enquanto no seguro de dano haveria certa correspondência (ainda que a natureza dos pagamentos seja distinta), pois tanto o valor pago pelo segurador quanto aquele devido pelo causador do dano visam a manter o *status quo ante*, no seguro de pessoas não haveria direito a ser sub-rogado:

Nesse sentido:

A disposição do presente artigo significa uma exceção à regra da sub-rogação que está no preceito do art. 786, não só porque, como muito se sustenta, no seguro de pessoa, de que aqui se trata, cobre-se evento atinente à vida ou faculdades pessoais do segurado, que, falecido, nada transfere, como nada transfere o beneficiário, afinal quanto a direito que não é seu, mas sobretudo porque a quantia que pelo sinistro se paga não representa qualquer reposição do patrimônio desfalcado, assim calculável, e sim a entrega de soma aleatória, estimada pelas partes contratantes, incompatível, destarte com a ideia de sub-rogação.[52]

A fixação do valor a ser pago ao beneficiário no caso de seguro de vida, conforme anteriormente aduzido, dá-se de forma apriorística. Eventual direito à reparação de dano moral sofrido por parentes próximos é externo ao contrato e não poderia ser sub-rogado pelo segurador.

Na mesma esteira, caberão aos dependentes do instituidor pleitearem, independentemente do valor pago pela seguradora, eventual direito à reparação de danos materiais outros, que não os acobertados pelo valor pago, bem como de danos morais.

---

(52) GODOY, Cláudio Luiz Bueno (Coord. Cezar Peluso). *Código Civil. Comentado*. 5. ed. Barueri: Manole, 2011. p. 829.

Conforme asseverado, a indenização do seguro compreende danos materiais e morais, sendo estes de valor inestimável. Assim, a ideia de dano, nuclear nos seguros de bens, não existe no seguro de vida, devendo o legislador contentar-se com o fim teórico do instituto sem indagar se no caso prático o dano efetivamente existiu.[53]

Daí, portanto, ser incabível a aplicação da sub-rogação para o seguro de pessoas.

2.4. Da Sub-Rogação no Contrato de Seguro

Entende-se por sub-rogação a transferência de direitos quando, "embora efetuado o pagamento por outra pessoa que não o devedor, a obrigação só se extinga em relação ao credor satisfeito, sobrevindo em relação ao terceiro, interessado ou não, que pagou a dívida".[54]

A substituição do polo ativo da relação jurídica pode dar-se de pleno direito (art. 346 do Código Civil) ou por convenção das partes (art. 347).

No primeiro caso, a sub-rogação é imposta pela lei e pressupõe a existência de interesse ou dever jurídicos no pagamento da dívida por outra pessoa que não o devedor originário. É o que ocorre, exemplificativamente, no caso do fiador, que tem direito de pedir o reembolso da dívida do principal pagador, com todos os seus acessórios.

Note-se, pois, que o instituto caracteriza-se por transferir ao novo credor todos os direitos, ações, privilégios e garantias do primitivo, em relação à dívida, contra o devedor principal e os fiadores (art. 349 do CC). Entretanto é vedado ao sub-rogado exercer este direito senão até a soma dos valores que desembolsou (art. 350 do CC).

Nesse sentido, o STF proferiu o entendimento, por meio da súmula 188, de que "o segurador tem ação regressiva contra o causador do dano, pelo que efetivamente pagou, até ao limite previsto no contrato seguro".

A Súmula foi editada em 13.12.63 tendo por base Recursos Extraordinários de 1960 e 1961, durante a vigência, portanto, do Código Civil de 1916, que não previa expressamente este mecanismo para o contrato de seguro.

A matéria era tratada exclusivamente no Código Comercial, que estabelecia a sub-rogação para os seguros marítimos, portanto, desde 1850, na seguinte dicção:

> Art. 728 – Pagando o segurador um dano acontecido à coisa segura, ficará sub-rogado em todos os direitos e ações que ao segurado competirem contra terceiro; e o segurado não pode praticar ato algum em prejuízo do direito adquirido dos seguradores.

---

(53) BEVILAQUA, Clóvis, ob. cit., p. 228.
(54) RODRIGUES, Silvio. *Direito Civil. Direito das Coisas*. Vol. 5, 22. ed. São Paulo: Saraiva, 1995. p. 189.

O disposto no art. 728 do Código Comercial de 1850 encontrava-se em consonância com o mecanismo do seguro, aventado que foi com a finalidade de gerenciamento do risco. Impedia que o segurado recebesse duas vezes o valor da indenização, em que pese seu direito de ressarcimento do dano em face do autor. A medida é, como dito anteriormente, socialmente mais justa, pois possibilita o cômputo do valor do ressarcimento como reflexo na quotização a ser feita por todos os segurados.

Não se pode perder de vista, todavia, que a sub-rogação somente se opera em razão da existência do direito de o segurado ser ressarcido pelo autor do dano, calcado na responsabilidade civil. Ainda que pudesse ter previsão contratual, não se estabelecia por força de lei, a não ser para os casos previstos no Código Comercial.

O STF, então, entendeu ser "desnecessário constar da apólice de seguro o direito de o segurador sub-rogar-se no do segurado pelo que pagou", aplicando-se o disposto contido no art. 728 do Código Comercial, por força do que dispõe o art. 4º da Lei de Introdução ao Código Civil.[55]

Em 1974, a sub-rogação passou a se operar *ope legis* para os seguros de veículos, por força da Lei n. 6.194, de 19 de dezembro de 1974, que em seu art. 8º determina que "comprovado o pagamento, a Sociedade Seguradora que houver pago a indenização poderá, mediante ação própria, haver do responsável a importância efetivamente indenizada".

Atualmente a sub-rogação encontra, igualmente, guarida no art. 786 do Código Civil:

> Art. 786. Paga a indenização, o segurador sub-roga-se, nos limites do valor respectivo, nos direitos e ações que competirem ao segurado contra o autor do dano.
>
> § 1º Salvo dolo, a sub-rogação não tem lugar se o dano foi causado pelo cônjuge do segurado, seus descendentes ou ascendentes, consanguíneos ou afins.
>
> § 2º É ineficaz qualquer ato do segurado que diminua ou extinga, em prejuízo do segurador, os direitos a que se refere este artigo.

A extensão da sub-rogação é total, limitada somente ao valor pago pela seguradora, pois, caso contrário, haveria verdadeiro *bis in idem*, e o artigo é restrito aos casos de seguro de dano, previsto na seção II do capítulo que trata desta espécie de contrato.

Houve, conforme abordado no tópico anterior, vedação expressa de o segurador sub-rogar-se nos direitos do segurado ou beneficiário, para o caso dos seguros de pessoas. Com efeito, nesta espécie de seguro, em que os danos sofridos são de difícil mensuração por envolverem questões de ordem moral, o dano e a indenização assumem contornos próprios, distintos da reparação de bens materiais, restando inaplicável o instituto[56].

---

(55) RExt no 48.459/SP, 2ª Turma do STF, Rel. Min. Villas Bôas, votação por maioria, DJ 29.08.61.

(56) *Vide* tópico anterior.

3. DA RESPONSABILIDADE CIVIL

Conforme asseverado anteriormente, as obrigações podem decorrer da lei ou do fato do homem. Nesta hipótese, nascem de atos lícitos ou ilícitos.

O Código Civil prevê, nesse sentido, que:

> Art. 186. Aquele que, por ação ou omissão voluntária, negligência ou imprudência, violar direito e causar dano a outrem, ainda que exclusivamente moral, comete ato ilícito.

Dispõe, ainda:

> Art. 927. Aquele que, por ato ilícito (arts. 186 e 187), causar dano a outrem, fica obrigado a repará-lo.
>
> Parágrafo único. Haverá obrigação de reparar o dano, independentemente de culpa, nos casos especificados em lei, ou quando a atividade normalmente desenvolvida pelo autor do dano implicar, por sua natureza, risco para os direitos de outrem.

O diploma atual reviu a falha cometida pelo Código de 1916, que sintetizava o conteúdo destes dois arts. (186 e 927) num único dispositivo, determinando que "aquele que, por ação ou omissão voluntária, negligência, ou imprudência, violar direito, ou causar prejuízo a outrem, fica obrigado a reparar o dano". A falta encontrava-se no emprego da conjunção alternativa *ou* sinalizando que "violar direito" não implicaria em "causar dano". Por óbvio, se não houver dano, ainda que moral, não haverá o dever de reparar.

São requisitos da responsabilidade civil, portanto: a) o dano causado a outrem, que consiste na diminuição do patrimônio ou na dor sentida pela vítima, no caso do dano moral; b) nexo causal entre a ação ou omissão; c) a existência de culpa ou dolo.

Nesse sentido, NELSON NERY JUNIOR assevera:

> O sistema geral do CC é o da responsabilidade civil subjetiva (CC 186), que se funda na teoria da culpa: para que haja o dever de indenizar é necessária a existência do dano, do nexo de causalidade entre o fato e o dano e a culpa *lato sensu* (culpa – imprudência, negligência ou imperícia; ou dolo) do agente.[57]

O nexo causal constitui-se, pois, do liame entre a conduta, omissiva ou comissiva, e o dano. A sua exigência como requisito para eventual indenização está contida no art. 186 do Código Civil por meio do termo "aquele que causar dano a

---

(57) NERY JUNIOR, Nelson e NERY, Rosa Maria de Andrade. *Novo Código Civil e Legislação Extravagante Anotados*. São Paulo: Revista dos Tribunais, 2002. p. 91.

outrem". Havendo expressa previsão legal, pode até ocorrer indenização sem que haja culpa, como previsto no art. 927, parágrafo único, do CC, mas é incabível o ressarcimento quando não ficar comprovado o nexo que liga o dano ao seu causador.[58]

Aliás, o parágrafo único do art. 927 altera a tradição seguida anteriormente, pelo Código de 1916, que adotava exclusivamente o modelo subjetivo. Atualmente, portanto, denota-se "a coexistência genérica e, segundo se entende, não hierarquizada de regras baseadas na teoria da culpa e na teoria do risco". Ostenta-se de todo equânime que quem cria risco a outrem com sua atividade, daí tirando qualquer proveito, não necessariamente econômico, seja responsabilizado.[59]

A Jornada de Direito Civil, realizada no Superior Tribunal de Justiça, proferiu o Enunciado n. 38, que remonta o fim previsto no dispositivo:

> A responsabilidade fundada no risco da atividade, como prevista na segunda parte do parágrafo único do art. 927 do novo Código Civil, configura-se quando a atividade normalmente desenvolvida pelo autor do dano causar a pessoa determinada um ônus maior do que aos demais membros da coletividade.

Já havia leis esparsas prevendo a responsabilidade do autor do dano independentemente da comprovação da culpa, e esta possibilidade persiste, de acordo com a parte inicial do parágrafo único do dispositivo.

Num breve escorço histórico, destaca-se o Decreto Legislativo 2.681, de 7 de dezembro de 1.912, cuidando da responsabilidade civil das empresas ferroviárias por danos causados a passageiros. Há, ainda, o DL n. 483/38 (antigo Código Brasileiro do Ar), o DL n. 227/67 (Código de Minas), a Lei n. 6.453/77 (responsabilidade civil por danos nucleares), a Lei n. 6.938/81 (responsabilidade civil por danos ao meio ambiente), a Lei n. 7.565/86 (novo Código Brasileiro de Aeronáutica), a Lei n. 8.884/94 (Lei Antitruste) e as Leis ns. 6.194/74 e 8.441/92, que cuidam do seguro obrigatório de acidentes de veículos (DPVAT), dentre outras disposições.[60]

A previsão genérica, contudo, inaugura uma nova fase na reparação do dano, privilegiando-se a dignidade da pessoa humana e a solidariedade, por transferir os riscos da atividade para quem a desenvolve. Aliás, o dispositivo não faz menção à obrigatoriedade de fins lucrativos ou comerciais, apontando maior amplitude de incidência, por somente exigir que haja regularidade no seu exercício[61].

---

(58) OLIVEIRA, Sebastião Geraldo de. *Indenizações por Acidente do Trabalho*. São Paulo: LTr, 2005.

(59) BARBOSA, Marcelo Fortes e GODOY, Claudio Luiz Bueno Cezar Peluso (cord.). *Código Civil Comentado*, 5. ed. Barueri: Manole, 2011. p. 930.

(60) MARANHÃO, Ney Stany Morais Maranhão. *Responsabilidade Civil Objetiva pelo Risco da Atividade: uma perspectiva civil-constitucional*. São Paulo: Editora Método, 2010. p. 223, 224.

(61) MARANHÃO, Ney Stany Morais Maranhão, ob. cit., p. 244 e 266.

O risco deverá ser diferenciado. Não será qualquer atividade que dará azo à responsabilidade objetiva, mas somente aquela que assumir maior potencialidade lesiva (fator qualitativo) ou probabilidade mais elevada (fator quantitativo). A análise destes critérios dar-se-á conforme a casuística pelo intérprete e pelo aplicador do direito, por se tratar de norma aberta.[62]

Não se pode perder de vista, nada obstante o parágrafo único do art. 927 sugerir que os danos que tenham como pano de fundo o vínculo laboral sejam reparados independentemente da culpa do empregador, que a regra é a necessidade de comprovação de dolo ou culpa do seu autor. De fato, o art. 7º, XXVIII, da Carta Magna explicitamente encampa a responsabilidade civil subjetiva da indenização devida ao empregado que se acidenta no trabalho, ao dispor que é direito deste, seguro contra acidentes do trabalho, de natureza previdenciária e a cargo do empregador, "sem excluir a indenização a que este está obrigado, *quando incorrer em dolo ou culpa*".

Na questão da segurança e saúde ocupacional, o empregador tem obrigação de adotar diligências necessárias para evitar os acidentes e as doenças relacionadas com o trabalho, devendo considerar todas as hipóteses razoavelmente previsíveis de danos e ofensas à saúde do trabalhador. CAVALIERI FILHO explicita, então, que só há o dever de evitar o dano que for razoável prever. E previsível é aquilo que tem certo grau de probabilidade de ocorrer.[63]

Denota-se, por conseguinte, que o dispositivo em comento refere-se às atividades de especial risco. Em suma, "haverá responsabilidade civil objetiva quando a lei assim o determinar (v.g., CC 933) ou quando a atividade habitual do agente, por sua natureza, implicar risco para o direito de outrem (v.g., atividades perigosas)".[64]

Presume-se, todavia, a culpa do patrão ou comitente pelo ato culposo do empregado ou preposto (Súmula n. 341 do STF). É o que se depreende, ademais, da leitura dos arts. 932, III, c.c. 933 do CC.[65]

O art. 934, por seu turno, cuida da ação *in rem verso* a ser exercida contra causador imediato do dano, pela quantia que pagou. Nesse sentido, prevê este dispositivo que:

---

(62) MARANHÃO, Ney Stany Morais Maranhão, ob. cit., p. 278.

(63) CAVALIERI FILHO, Sergio. *Programa de responsabilidade civil*. São Paulo: Editora Atlas, 2003. p. 56.

(64) NERY JUNIOR, Nelson e NERY, Rosa Maria de Andrade. *Novo Código Civil e Legislação Extravagante Anotados*. São Paulo: Revista dos Tribunais, 2002. p. 91.

(65) Art. 932. São também responsáveis pela reparação civil:

...

III – o empregador ou comitente, por seus empregados, serviçais e prepostos, no exercício do trabalho que lhes competir, ou em razão dele;

...

Art. 933. As pessoas indicadas nos incisos I a V do artigo antecedente, ainda que não haja culpa de sua parte, responderão pelos atos praticados pelos terceiros ali referidos.

Art. 934. Aquele que ressarcir o dano causado por outrem pode reaver o que houver pago daquele por quem pagou, salvo se o causador do dano for descendente seu, absoluta ou relativamente incapaz.

Esta sistemática decorre, ainda, daquilo que dispõe a CLT em seu art. 462, § 1º, ao consagrar-se a hipótese de, em caso de dano causado pelo empregado, ser lícito desconto em salário, desde que esta possibilidade tenha sido acordada ou na ocorrência de dolo.

O direito de regresso a que se refere o art. 934, ainda que guarde alguma semelhança com o art. 120 da Lei n. 8.213/91, com ela não se confunde. Deveras, na Ação Regressiva da seara previdenciária, o legislador infere que a culpa da empresa responsável pelo acidente de trabalho causaria dano à Previdência Social. Não há, pois, ato de terceiros, conforme previsto no Código Civil. Por outras palavras, no direito privado, o causador do dano é pessoa distinta da responsável pelo pagamento do prêmio.

O dano eventualmente causado pelo empregador ao empregado será, ainda, devidamente reparado, independentemente do nascimento da relação previdenciária de benefício (art. 7, XXVIII, da CF). Note-se, pois, ao contrário da situação prevista no dispositivo do Código Civil, que o empregador arca duas vezes com o ressarcimento: uma em relação ao empregado, outra no que diz respeito à Previdência Social. É nesse sentido que não se pode falar do envolvimento de terceiros a que alude o art. 934; pois a relação advinda da responsabilidade civil será diretamente suportada pelo causador do dano (o empregador).

O mesmo se diga em relação à ação de regresso prevista no art. 930 do Código Civil:

> Art. 930. No caso do inciso II do art. 188, se o perigo ocorrer por culpa de terceiro, contra este terá o autor do dano ação regressiva para haver a importância que tiver ressarcido ao lesado.
>
> Parágrafo único. A mesma ação competirá contra aquele em defesa de quem se causou o dano (art. 188, inciso I).

ÁLVARO VILLAÇA AZEVEDO bem exemplifica esta hipótese:[66]

> Suponhamos que alguém, dirigindo, cautelosamente, seu veículo, para não acidentar um transeunte incauto, que atravessou, inopinadamente, a rua, projete seu veículo sobre um carro estacionado.
>
> O ato do motorista foi louvável; entretanto, causou ele dano ao veículo estacionado regularmente, não tendo qualquer culpa o proprietário deste, que deve ser indenizado.

---

(66) Ob. cit., p. 268/269.

Como, no caso acima, existiu culpa do terceiro (do transeunte), após o motorista pagar o dano sofrido pelo proprietário do veículo estacionado poderá reembolsar-se do que pagou junto àquele.

Na mesma esteira do que fora comentado, a Ação Regressiva prevista no art. 120 não pressupõe danos cometidos por ações de terceiros, mas sim de sujeito que possui vínculo com a previdência, fomentando seu custeio, e o dano causado afeta um dos sujeitos da relação, a ser tutelado pelo INSS.

As relações advindas da responsabilidade civil do empregador dão-se, pois, diretamente com o ofendido, seja ele o empregado, seja a Previdência Social, se entendermos que a concessão do benefício decorrente de descumprimento de normas de segurança do trabalho lhe acarrete prejuízo.

Outro ponto de relevância é o da gradação da culpa na reparação do dano.

Conforme asseverado, na responsabilidade civil subjetiva, o dever do causador do dano depende da qualificação da sua omissão ou comissão pelo dolo ou pela culpa.

O dolo caracteriza a intenção do agente. Vale dizer que a falta cometida ou a ação por ele realizada foi de sua escolha livre e consciente, agindo voluntariamente.

A culpa, por seu turno, decorre da imprudência, da negligência ou imperícia. No ato culposo, a deliberação do autor é inexistente e, portanto, falta-lhe o intuito de causar prejuízo.

As gradações da culpa têm certa relevância para este estudo. Elas poderão ocorrer, segundo a doutrina, dentro de certo espectro, conforme as intensidades: a) grave, b) leve, c) levíssima. Nesse sentido, SILVIO RODRIGUES explicita essas diferentes nuanças:[67]

> A culpa grave é a decorrente da imprudência ou negligência grosseira, como a do motorista que dirige sem estar habilitado, ou a daquele que, em excesso de velocidade, atravessa um sinal de trânsito fechado. Costuma-se dizer que a culpa grave ao dolo se equipara.
>
> A culpa leve é aquela na qual um homem de prudência normal pode incorrer. E a culpa levíssima é aquela da qual mesmo um homem de extrema cautela não poderia deixar de escapar.

Do ponto de vista legal, pouco importa se a conduta deu-se com dolo ou qualquer dos graus de culpa. Daquilo que dispõem os arts. 186 e 927, em todos esses casos haverá o dever de indenizar a vítima.

Não obstante, a fim de tornar equânime o valor da indenização, de sorte a diferenciar o agente que comete falta grave daquele que se deixa levar por um

---

(67) In *Direito Civil, vol. 4. Responsabilidade Civil*. 14. ed. São Paulo: Saraiva, 1995. p. 146/147.

pequeno deslize, comum a todas as pessoas, o Código Civil, inovando em relação ao Diploma de 1916, estabelece que:

> Art. 944. A indenização mede-se pela extensão do dano.
>
> Parágrafo único. Se houver excessiva desproporção entre a gravidade da culpa e o dano, poderá o juiz reduzir, equitativamente, a indenização.

A regra, portanto, é a de aferir o valor da indenização pela extensão do dano. De toda forma, a gravidade da culpa poderá ter reflexos quando houver excessiva desproporção entre ela e o prejuízo.

Sublinhe-se que "a inspiração do preceito é, de novo aqui, e ainda como expressão do princípio da eticidade, a equidade, elemento axiológico muito caro à nova normatização, que pretende, no caso, corrigir situações em que uma culpa mínima possa, pela extensão do dano, acarretar ao ofensor o mesmo infortúnio de que padece a vítima"[68]. Ainda assim, ressalta-se à evidência, o Código Civil não exclui o dever de indenização para os casos em que a conduta culposa foi de gradação inferior. Destarte, do ponto de vista jurídico, havendo conduta culposa, dano e nexo entre eles, haverá sempre o dever de reparação.

4. RESUMO DAS RELAÇÕES JURÍDICAS ENVOLVIDAS NO CONTRATO DE SEGURO

Conforme asseverado, diversas são as relações jurídicas advindas das interações que cercam o contrato de seguro.

De relevância para o presente estudo, iremos nos ater aos casos em que o autor do dano não é o mesmo sujeito que o segurado e agiu com culpa ou dolo, causando o acidente.

Em um primeiro momento, antes da concretização do risco, temos obrigação imposta por força do contrato, ligando a seguradora de um lado (credora) e o segurado do outro (devedor), com o dever jurídico de pagar o prêmio:

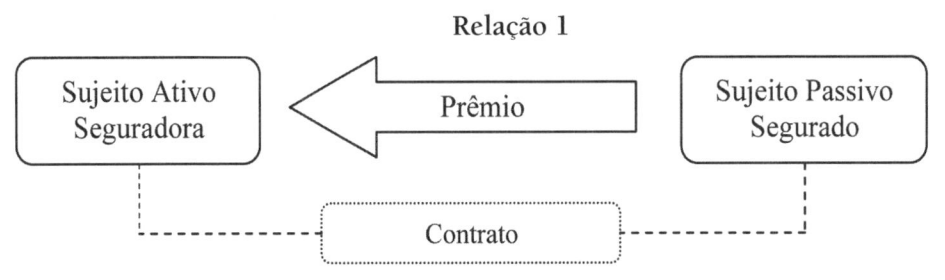

Relação 1

Sujeito Ativo Seguradora ← Prêmio ← Sujeito Passivo Segurado

---- Contrato ----

---

(68) GODOY, Claudio Luiz Bueno. Ob. cit., p. 956.

Depois do sinistro, nasce outra obrigação, ainda decorrente do contrato firmado entre as partes, passando a seguradora, inicialmente detentora do direito de receber o prêmio do segurado, a figurar como sujeito passivo, com o dever de pagar o valor contratado:

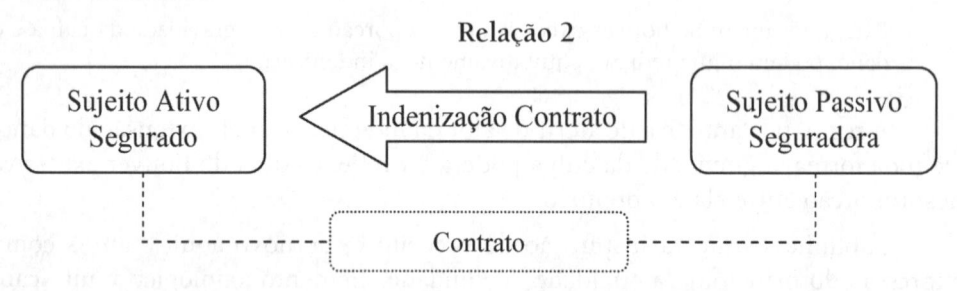

Relação 2

[Sujeito Ativo Segurado] ← Indenização Contrato — [Sujeito Passivo Seguradora]
Contrato

Denota-se, pois, que os sujeitos envolvidos nesse primeiro momento são aqueles cujo vínculo jurídico e respectivas obrigações deram-se por meio do contrato.

Paralelamente aos liames criados pela avença, com termos livremente pactuados entre as partes, subsiste outro, cuja fonte é o ato ilícito (fato do homem), ou, mais especificamente, a responsabilidade civil, obrigando o autor do dano a indenizar a vítima que, no exemplo, figura, igualmente, como segurado no contrato de seguros:

Relação 3

[Sujeito Ativo Vítima] ← Indenização — [Sujeito Passivo Autor do Dano]
Responsabilidade Civil

Nos termos do art. 786 do Código Civil, esta relação, para os seguros de dano, terá o sujeito ativo substituído pela seguradora, que ficará sub-rogada nos direitos do segurado, na medida do valor pago, delimitado pelo contrato, que não poderá ser superior ao prejuízo sofrido.

Relação 4

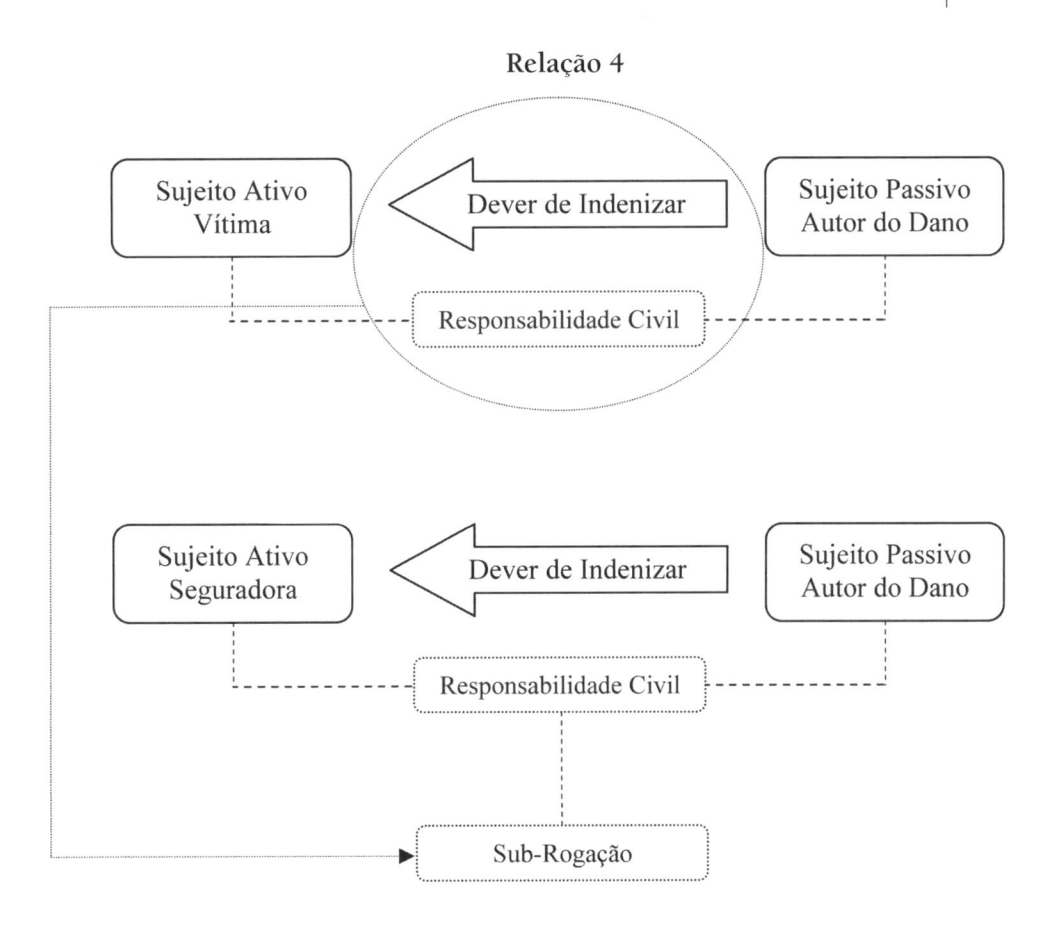

```
  ┌─────────────┐      ⇐ Dever de Indenizar      ┌─────────────┐
  │Sujeito Ativo│                                 │Sujeito Passivo│
  │   Vítima    │                                 │ Autor do Dano │
  └──────┬──────┘                                 └──────┬──────┘
         └──────────── Responsabilidade Civil ───────────┘


  ┌─────────────┐      ⇐ Dever de Indenizar      ┌─────────────┐
  │Sujeito Ativo│                                 │Sujeito Passivo│
  │ Seguradora  │                                 │ Autor do Dano │
  └──────┬──────┘                                 └──────┬──────┘
         └──────────── Responsabilidade Civil ───────────┘
                              │
                         Sub-Rogação
```

Esquematicamente, portanto, são essas as relações que se apresentam no intrincado cenário da reparação de dano, envolvendo o contrato de seguros e a responsabilidade civil do autor do dano.

Ressalta-se que a origem do direto de a seguradora cobrar o valor que pagou ao segurado do causador do dano situa-se no dever que este tem de indenizar a vítima, tendo como causa primeira a lei, mas desencadeado, mais especificamente, por um ato ilícito.

Constata-se, pois, neste panorama, o duplo efeito da sub-rogação: *liberatório* e *translativo*[69]. Pelo mecanismo, haverá liberação do causador do dano de indenizar a vítima (efeito liberatório); mas o direito desta transfere-se para quem realizou o pagamento: a seguradora (efeito translativo).

Ressalta-se, por fim, a não aplicabilidade do pagamento por sub-rogação para o seguro de pessoas, conforme expressa previsão contida no art. 800 do CC.

---

(69) GOMES, Orlando. *Ob. cit.*, p. 144.

III

Seguro Social e Previdência Social

1. FINANCIAMENTO DA SEGURIDADE SOCIAL

1.1. Considerações Iniciais

A Seguridade Social configura *sistema* de proteção social e, como tal, pressupõe a integração de dois ou mais componentes. Nesta esteira, três são os pilares que lhe sustentam: a Previdência Social, a saúde e a assistência social.

A Ação Regressiva encontra-se situada no contexto da Previdência Social, motivo pelo qual nos ocuparemos mais detidamente deste setor; conquanto a seguridade social, vista como um todo, representar a tônica a ser seguida na busca da ordem social, prevista no art. 193 da Constituição Federal.

A Previdência Social, em linhas gerais, cuida de amparar aqueles que em decorrência de infortúnios previamente contemplados encontram-se incapazes de por conta própria prover seu próprio sustento.

Lida, pois, com o conceito de risco, que igualmente figura no centro dos contratos de seguro previstos no direito civil. De fato, as linhas gerais do mecanismo são as mesmas: gerenciamento do risco por meio de quotizações. Esse foi o meio encontrado pelo homem e adotado pelo direito moderno para controle dos dissabores causados por eventos futuros e incertos.

Conforme tratado em tópico específico, a noção genérica de risco foi prevista pelo direito privado como todo acontecimento futuro e incerto, independentemente da vontade do segurado.

O risco tem diversas origens. Pode nascer do meio físico, como terremotos ou enchentes; pode ser fruto do meio social, como guerras, risco monetário, imperfeições dos serviços públicos etc.; riscos familiares, que fazem diminuir o nível de vida de toda família; riscos de ordem fisiológica, a exemplo das doenças e invalidez; e, por fim, os da vida profissional, como baixa remuneração ou acidentes do trabalho.[1]

Nem todos, entretanto, têm relevância social.

Historicamente, a questão social a ser dirimida por meio da seguridade social (art. 193 da CF) era representada pela separação entre os que têm a força de trabalho e os que detêm os meios de produção. Com seu surgimento neste ambiente dicotômico, a Previdência Social tem por pivô o trabalho e suas relações. Daí por que o risco que administra ser qualificado, tendo por origem as relações sociais de classes, moldadas pelo que, à época, representava o novo sistema de produção instituído pela revolução industrial. As alterações daí advindas criaram novas instabilidades e incertezas que não mais poderiam ser superadas isoladamente.

Como ícone do sistema de produção, podemos citar o "fordismo", que, não obstante ter se iniciado após a Segunda Guerra Mundial, sintetiza de forma emblemática as diretrizes de baixo custo com alta produtividade. O objetivo da empresa Ford, que encampou maciçamente o norte fixado pela revolução industrial um século antes, era o de popularizar a venda de automóveis, que, em razão do alto custo, tinha baixa demanda. Almejava-se, assim, a redução do valor unitário por meio da produção em larga escala.

Originalmente, pois, a seguridade social cuidava dos riscos oriundos do trabalho, que foram posteriormente ampliados. Eles não se referem mais somente à perda de emprego, mas também a outros casos responsáveis por diminuir o nível de vida do trabalhador. O risco social, portanto, não deve ser concebido como exclusivo do trabalho industrial. Nem tampouco privativamente afeto àqueles que tenham emprego formalizado por meio de contrato. A cobertura deve ser igualmente instituída em favor de pessoas que se encontrem em situação de dependência econômica e que, socialmente, sejam desprovidas de capacidade de, por conta própria, garantirem-se contra ameaças que possam afetá-los.[2]

Modernamente, o risco social é amparado pelo seguro social. A Alemanha tinha diversos ingredientes que combinados criavam condições favoráveis para o surgimento desta espécie de seguro. Havia propício crescimento demográfico social, bem como previsão de seguros a serem mantidos pelos empregadores para acobertar os acidentes do trabalho. Com o crescimento do proletariado, surgiu, ainda, o partido social democrata, exigindo mais direitos para os trabalhadores

---

(1) DURAND, Paul. *La Politica Contemporanea de Seguridad Social* (Tradução José Vida Soria). Madrid: Ministerio do Trabajo y Seguridad Social, 1991. p. 57/58.

(2) DURAND, Paul. Ob. cit., p. 58/60.

das indústrias. Assim, em 1883, Bismark, com intuito de desarmar o socialismo, organizou o seguro de enfermidades.[3]

No tocante ao seguro obrigatório, ARMANDO DE OLIVEIRA ASSIS pondera que:[4]

"Sua aparição [do seguro obrigatório] no mundo se deu sem que fosse antecedido de construções teóricas. Observada a fraqueza do moderno proletariado no sentido de poder, à sua custa e por sua própria iniciativa, fazer face aos riscos normais da existência humana, conclui-se pela necessidade de instituir o seguro obrigatório."

Sustenta o autor, ainda, que:

"A chave da questão, segundo julgamos, estará na equação entre dois elementos: o indivíduo e a sociedade. Nessa linha de raciocínio, chegamos à evidência de que a sociedade é, ou deverá ser, um instrumento adequado a proporcionar ao indivíduo a satisfação de certas aspirações naturais..."

Assim, como integrante da sociedade, o homem viu-se obrigado a criar engenho apto a socorrer os que se encontram em situação de risco, pois como parte do todo, quando em perigo, colocam em ameaça toda a coletividade:

"... numa nova concepção de 'risco social' como propomos, a noção fundamental será a de que o perigo que ameaça o indivíduo se transfere para a sociedade."

O modelo baseia-se, pois, na quotização do risco, a ser diluído por toda sociedade (art. 195, *caput*, da CF), e representante do centro do sistema de proteção.

"... o problema que sucede é o de saber qual será a extensão do 'risco social' avaliado individualmente. É evidente, pelo que foi dito até agora, que não será o risco integral a que está sujeito cada pessoa, mas somente aquela fração que possa ser tida como 'necessidade social'."

O financiamento da seguridade social, ou mais especificamente da Previdência Social, assume dupla função social: em primeiro plano, representa supedâneo para o amparo dos necessitados; num segundo, carrega consigo efeitos sociais do sistema de quotização, precipuamente pela distribuição de riquezas, em verdadeira manifestação da solidariedade.

---

(3) DURAND, Paul. Ob. cit., p. 102/107.
(4) Em Busca de uma Concepção Moderna de "Risco Social". *Revista de Direito Social* n. 14. São Paulo: Editora Notadez, 2005. p. 24, 26 e 29.

O cunho social da Previdência Social, portanto, é sobremaneira mais relevante do que aquele observado no seguro regido pelo direito privado, cujos limites são fixados, em parte, pela vontade dos envolvidos e pelo viés negocial a ele atrelado.

Na previdência, ao contrário, os direitos e obrigações estão todos previstos em lei. Não é escolha do trabalhador ser alvo da proteção ou proteger os demais integrantes da sociedade. Note-se que integrar o quadro protetivo é percorrer via de mão dupla: em um dos sentidos tem-se a proteção; noutro, o dever de contribuir gerenciando os riscos a que estão sujeitos todos os demais.

Tanto o contrato de seguro do direito privado quanto a Previdência Social são, até certa medida, corolários do gerenciamento do risco. A qualificação do risco como social, todavia, impõe novas características às relações envolvidas e ao arranjo dos sujeitos destas relações.

Basta notar que, da mesma forma que o segurado não escolhe assumir certa posição, o Instituto Nacional do Seguro Social, a ser tratado mais detidamente em momento oportuno, igualmente não detém a faculdade de ocupar ou não o papel para o qual foi criado.

1.2. Financiamento

Estabelece o art. 195 da Constituição Federal que a Seguridade Social será financiada por toda a sociedade de forma direta e indireta, mediante recursos provenientes da União, dos Estados, do Distrito Federal e dos Municípios, mediante as seguintes contribuições sociais:

I – do empregador, da empresa e da entidade a ela equiparada na forma da lei, incidentes sobre:

a) a folha de salários e demais rendimentos do trabalho pagos ou creditados, a qualquer título, à pessoa física que lhe preste serviço, mesmo sem vínculo empregatício;

b) a receita ou o faturamento;

c) o lucro;

II – do trabalhador e dos demais segurados da Previdência Social, não incidindo contribuição sobre aposentadoria e pensão concedidas pelo regime geral de Previdência Social de que trata o art. 201;

III – sobre a receita de concursos de prognósticos.

IV – do importador de bens ou serviços do exterior, ou de quem a lei a ele equiparar.

O art. 195 indica que o financiamento será feito mediante contribuições sociais, previstas no art. 149 da Constituição Federal, obedecendo aos objetivos previstos no art. 194, parágrafo único, da Carta Magna, dentre os quais se destacam a *equidade na forma de participação no custeio e a diversidade da base de financiamento*.

Em breves linhas, as contribuições podem ser definidas "como tributos destinados a custear despesas decorrentes da atuação da União no interesse das categorias profissionais ou econômicas e de sua intervenção nos domínios econômico e social".[5]

A Constituição Federal de outubro de 1988 colocou o assunto às claras, nos termos do art. 149. O que caracteriza essa receita é sua aptidão peculiar, decorrente da referibilidade entre a atuação estatal custeada pelas contribuições e o sujeito passivo deste tributo.

Assim, não há dúvidas, atualmente, que a contribuição social prevista para o custeio da seguridade tem natureza tributária. Desta assertiva decorre sua subsunção às delimitações contidas no Código Tributário Nacional, devendo ser ressaltada sua natureza compulsória, bem como não constituir sanção de ato ilícito (art. 3º do CTN).

É possível, pois, neste momento, antecipar a conclusão de que o valor advindo da Ação Regressiva não tem natureza tributária, por se encontrar atrelado ao dano causado pelo empregador por conduta culposa.

Na mesma esteira, os sujeitos previstos no art. 195 adrede citados, especialmente o empregador e o empregado, não possuem faculdade de figurar no polo passivo da relação que os vincula à União, com o dever jurídico de contribuir para o custeio da seguridade.

Ressalta-se, por fim, a necessidade de as contribuições sociais observarem o princípio da legalidade estrita com o mesmo alcance aplicável a impostos, taxas e contribuições de melhoria.[6]

1.2.1. Do financiamento direto

O financiamento direto relaciona-se tradicionalmente, ainda que não exclusivamente, aos empregados e empregadores. Os primeiros são chamados a contribuir por serem justamente aqueles que irão usufruir dos benefícios e serviços da Previdência Social.

Os recursos deverão ser empregados sob a égide do legislador, por força do texto constitucional. Caberá a ele definir diretrizes, objetivos e metas, através da instituição do Plano Plurianual. Este, por sua vez, deverá ser engendrado com o orçamento anual, que segue as prioridades estabelecidas pela lei de diretrizes orçamentária.

Como se vê, o Plano Plurianual surge como desdobramento da lei de diretrizes orçamentárias, revisando, anualmente, as balizas para as receitas e despesas do Estado.

---

(5) BALERA, Wagner. *As Contribuições no Sistema Tributário Brasileiro*. São Paulo: Dialética, 2003. p. 563.

(6) Nesse sentido: BALERA, Wagner. *As Contribuições no Sistema Tributário Brasileiro*. São Paulo: Dialética, 2003. p. 578/579.

É o que decorre do art. 165, § 5º, ao estabelecer que os setores da seguridade social serão admitidos com orçamento próprio, e do art. 195, § 2º, ao determinar que a proposta de orçamento da seguridade social será elaborada de forma integrada pelos órgãos responsáveis pela saúde, Previdência Social e assistência social, tendo em vista as metas e prioridades estabelecidas na lei de diretrizes orçamentárias, assegurada a cada área a gestão de seus recursos.[7]

Para o equilíbrio do sistema deverá haver, pois, verdadeiro plano de custeio. O Decreto n. 72.771, de 6 de setembro de 1973, antigo Regulamento da Previdência Social, em seu art. 273, assim o definia:

> O plano de Custeio consistirá em um conteúdo de normas e previsões de despesas e receitas estabelecidas com base em avaliações atuariais e destinadas à planificação econômica do regime e seu consequente equilíbrio técnico-financeiro.

Atualmente, o referido plano deveria ficar a cargo da Lei n. 8.212/91, que, entretanto, não estabelece a relação entre despesas e receitas, prevendo, tão somente, especificações acerca de algumas contribuições e regras gerais do sistema. Deveras, não é possível afirmar que a Lei de Organização e Custeio da Seguridade Social contenha um plano de custeio[8].

Assevera RIO NOGUEIRA que:

> O Plano de Custeio de uma entidade securitária seria o conjunto de normas quantificadoras das receitas que deverão ser investidas pela entidade, a fim de gerar os recursos necessários e suficientes à cobertura dos compromissos por ela assumidos em relação a toda a massa amparada, quer em relação a prestações já iniciadas, quer em relação a prestações a conceder.
>
> Ao fixar essas normas, num dado momento inicial (data da avaliação), o atuário tem vasto campo para escolha dos fluxos de receitas a que alude a definição, devendo atender, todavia, a duas condições:
>
> a) Princípio do equilíbrio financeiro:
>
> O valor descontado provável do fluxo constituído pelas receitas deve igualar o valor descontado provável do fluxo das despesas de prestações.
>
> b) Princípio da solvência:
>
> O montante capitalizado das receitas previstas para um lapso de tempo qualquer, contado a partir da data da implantação, não pode ser inferior ao montante capitalizado das despesas previstas para esse mesmo lapso[9].

---

(7) BALERA, Wagner. *Sistema de Seguridade Social*. 3. ed. São Paulo: LTr, 2003. p. 23.

(8) BALERA, Wagner. *Noções Preliminares de Direito Previdenciário*. São Paulo: Quartier Latin, 2005. p. 120.

(9) Ob. cit., p. 34.

Por meio do financiamento direto, não deverá o legislador, portanto, meramente preencher os contornos das hipóteses previstas no art. 195, anteriormente transcrito, mas sim estabelecer mecanismos de avaliações atuariais, a fim de manter o equilíbrio da Previdência Social, a exemplo daquilo que se espera das seguradoras que atuam no mercado privado.

Assim, por óbvio, "o equilíbrio não ocorreria para cada participante isolado, mas *em massa, pela igualdade entre fluxos de receitas e encargos referentes à totalidade dos segurados, atuais e futuros*".[10]

Em atenção ao art. 195, estabeleceu o legislador que as empresas contribuirão sobre a folha de pagamento, nos seguintes termos:

> Art. 22. A contribuição a cargo da empresa, destinada à Seguridade Social, além do disposto no art. 23, é de:
>
> I – vinte por cento sobre o total das remunerações pagas, devidas ou creditadas a qualquer título, durante o mês, aos segurados empregados e trabalhadores avulsos que lhe prestem serviços, destinadas a retribuir o trabalho, qualquer que seja a sua forma, inclusive as gorjetas, os ganhos habituais sob a forma de utilidades e os adiantamentos decorrentes de reajuste salarial, quer pelos serviços efetivamente prestados, quer pelo tempo à disposição do empregador ou tomador de serviços, nos termos da lei ou do contrato ou, ainda, de convenção ou acordo coletivo de trabalho ou sentença normativa.
>
> II – para o financiamento do benefício previsto nos arts. 57 e 58 da Lei n. 8.213, de 24 de julho de 1991, e daqueles concedidos em razão do grau de incidência de incapacidade laborativa decorrente dos riscos ambientais do trabalho, sobre o total das remunerações pagas ou creditadas, no decorrer do mês, aos segurados empregados e trabalhadores avulsos:
>
> a) 1% (um por cento) para as empresas em cuja atividade preponderante o risco de acidentes do trabalho seja considerado leve;
>
> b) 2% (dois por cento) para as empresas em cuja atividade preponderante esse risco seja considerado médio;
>
> c) 3% (três por cento) para as empresas em cuja atividade preponderante esse risco seja considerado grave.
>
> III – vinte por cento sobre o total das remunerações pagas ou creditadas a qualquer título, no decorrer do mês, aos segurados contribuintes individuais que lhe prestem serviços;
>
> IV – quinze por cento sobre o valor bruto da nota fiscal ou fatura de prestação de serviços, relativamente a serviços que lhe são prestados por cooperados por intermédio de cooperativas de trabalho.

Por óbvio, outras contribuições foram previstas para dar vazão à demanda da Previdência Social. De todo modo, de pertinência para o estudo, o art. 22 é

---

(10) NOGUEIRA, Rio, ob. cit., p. 35.

merecedor de destaque, devendo ser enfatizado o disposto no inciso II, por estabelecer as contribuições que custearão os benefícios por incapacidade decorrente de acidentes do trabalho, a ser futuramente esmiuçado.

1.2.2. Do financiamento indireto

Conforme asseverado, o financiamento da seguridade social dar-se-á de forma direta, mediante o pagamento de contribuições sociais dos sujeitos previstos nos incisos do art. 195 da Carta Magna, e de forma indireta, tendo por base o orçamento da União, dos Estados, do Distrito Federal e dos Municípios.

O art. 165, § 5º, III, da CF determina, conforme aduzido anteriormente, que a Lei Orçamentária Anual abrangerá o orçamento da seguridade social, para abarcar todas as entidades e os órgãos que dela façam parte. Uma porção das receitas da União, portanto, fica à disposição do financiamento da seguridade social. Sublinhe-se que a destinação própria da contribuição social a exclui das demais receitas da União, devendo ser diretamente alocada para o custeio da seguridade social.

Vale, pois, dizer que a União deverá contribuir além das receitas obtidas com as contribuições sociais vertidas especificamente para o custeio da Previdência Social, por meio da arrecadação de outros tributos.

É, ademais, o que decorre não apenas da previsão do *caput* do art. 195, mas também do que dispõe o art. 167, IV, da Carta Magna, que permite a vinculação de impostos da União para despesas da área de saúde.

No que diz respeito à Previdência Social, pouco foi estipulado pelo constituinte.

De todo modo, da interpretação sistemática do texto constitucional, é possível extrair que o financiamento indireto é residual. Isto significa que a União contribuirá sempre que, por qualquer razão, as contribuições sociais recolhidas pelos demais sujeitos não sejam suficientes para cobrir as despesas a que se prestam.

Nesse sentido determina o art. 16 da Lei n. 8.212/91:

> Art. 16. A contribuição da União é constituída de recursos adicionais do Orçamento Fiscal, fixados obrigatoriamente na lei orçamentária anual.
>
> Parágrafo único. A União é responsável pela cobertura de eventuais insuficiências financeiras da Seguridade Social, quando decorrentes do pagamento de benefícios de prestação continuada da Previdência Social, na forma da Lei Orçamentária Anual.

A doutrina define os termos em que se dá o financiamento indireto:

> O financiamento indireto faz-se mediante os recursos orçamentários dos entes políticos, provenientes dos impostos. De fato, como a seguridade social se apresenta como uma das principais atuações do Poder Público na área social (inaugura o Título da Ordem Social), há recursos provenientes de

impostos que, mediante as leis orçamentárias, são destinados, ao fim e ao cabo, à seguridade social. Aliás, há diretrizes constitucionais nesse sentido. As leis orçamentárias, pois, darão conta do destino dos impostos, conforme a Constituição e os programas do governo.[11]

Na mesma linha, o § 5º do art. 195 da CF estipula que não haverá benefício sem a correspondente fonte de custeio.

O equilíbrio do sistema, aludido pelo constituinte na novel redação dada ao art. 201 da Carta Magna pela Emenda Constitucional n. 20, de 15 de dezembro de 1998, repele sua pujança na mesma medida em que não admite desfalque.

Como via de mão dupla, o § 5º do art. 195 impede, igualmente, que fontes de custeio sejam criadas ou majoradas sem que tenham destino específico: o custeio de benefício ou serviço correspondentes.

O arcabouço jurídico, portanto, rejeita o déficit. Do ponto de vista legal, não haverá, nunca, superação das despesas em relação às receitas, pois nesta hipótese a União será convidada a socorrer o "caixa".

De fato, as linhas do financiamento, bem realçadas pela Constituição, não admitem a necessidade de fontes outras que não as contribuições sociais e, residualmente, aportes feitos pela União.[12]

Sendo déficit "excesso da despesa em relação à receita em um orçamento",[13] afirmar que a Previdência Social é deficitária significa dizer que o financiamento indireto não integra o seu orçamento, o que é contrário às previsões constitucionais. O que há, na realidade, é um ônus da União, que deverá, ademais, destacar do seu orçamento os valores que aportará no custeio da Previdência Social.

Somente "quando as despesas excedem as receitas ocorre um déficit orçamentário".[14] Assim, integrando as contribuições da União, o orçamento da seguridade social juridicamente impede-se que esta situação ocorra.

Não se pode olvidar da projeção prevista no art. 96, que exige o equilíbrio do sistema em horizonte distante minimamente de vinte anos, cabendo à União integralizar, em conformidade com os cálculos atuariais que embasaram a projeção, os valores necessários para que a previdência opere estavelmente.

---

(11) PAULSEN, Leandro. *Contribuições. Custeio da Seguridade Social*. Porto Alegre: Livraria do Advogado Editora, 2007. p. 25.

(12) Nesse sentido: "... a Previdência Social jamais poderia registrar déficit de caixa sem revelar simultaneamente o descumprimento da lei, por parte do próprio Poder Executivo". NOGUEIRA, Rio. *A Crise Moral e Financeira da Previdência Social*. São Paulo: DIFEL, 1985. p. 16.

(13) AULETE, Caldas. *Dicionário Contemporâneo da Língua Portuguesa*, II Volume. Rio de Janeiro: Editora Delta S.A., 1958. p. 1.310.

(14) DORNBURSH, Rudiger e FISCHER, Stanley. *Macro Economia*. 5. ed. São Paulo: Mcgraw-Hill, 1991. p. 688.

Assim, os recursos provenientes da forma direta e indireta de contribuição deverão ser empregados sob a óptica do legislador, por força do texto constitucional. Caberá a ele definir diretrizes, objetivos e metas, através da instituição do Plano Plurianual. Este, por sua vez, deverá ser concatenado com o orçamento anual, que segue as prioridades estabelecidas pela lei de diretrizes orçamentárias.

Ainda que até este ponto não tenha sido traçada a natureza do valor pago em razão da Ação Regressiva, é facilmente verificável que não se trata de contribuição social, pois pressupõe a culpa da empresa, em afronta ao que dispõe o art. 3º do CTN.

A Ação Regressiva não poderá, pois, ter fundamento de validade na necessidade de aumento das receitas em razão da não arrecadação suficiente para o financiamento dos benefícios por incapacidade.

Na mesma linha, a retirada de insumos dos cofres da Seguridade Social para outros setores da economia por meio da Desvinculação das Receitas da União (DRU) vai de encontro da assertiva de que a Ação Regressiva seria bem-vinda para aumentar as receitas do caixa da Previdência.

O mecanismo engendrado pelo constituinte possibilita a desvinculação das receitas por período temporário, conforme dispõe o art. 76 dos Atos das Disposições Constitucionais Transitórias (ADCT), com redação original dada pela Emenda Constitucional n. 27, de 21 de março de 2000.

Num primeiro momento, quando se aventou esta possibilidade, previu-se a desvinculação das receitas até 2003. No entanto o prazo foi prorrogado, inicialmente pela Emenda Constitucional n. 42, de 2003, depois pela Emenda 56, de 2007, e, mais recentemente, com o advento da EC n. 68, de 21 de dezembro de 2011, passou a ter a seguinte redação:

> Art. 76. São desvinculados de órgão, fundo ou despesa, até 31 de dezembro de 2015, 20% (vinte por cento) da arrecadação da União de impostos, contribuições sociais e de intervenção no domínio econômico, já instituídos ou que vierem a ser criados até a referida data, seus adicionais e respectivos acréscimos legais.

Devem ser ressaltados outros mecanismos criados para, desvirtuando o planejamento orçamentário da seguridade social estabelecido pelo art. 195, utilizar-se das contribuições sociais como forma de manobra econômica.

Dispõe o art. 7º da Lei n. 12.546/11, com redação dada pela Medida Provisória n. 563/12, que, até 31 de dezembro de 2014, as empresas que prestam serviços de Tecnologia da Informação (TI), Tecnologia da Informação e Comunicação (TIC) para o setor hoteleiro, *Call Center* e *Design House*, estarão sujeitas a novo regime contributivo, correspondente a 2% da receita bruta, excluídas as vendas canceladas e eliminados os descontos incondicionais concedidos, em substituição à contribuição incidente sobre a folha de pagamento.

O art. 8º da mesma Lei confere igual substituição da contribuição incidente sobre a folha de pagamento por outro tributo com alíquota de 1%[15] aplicada sobre a receita, para as empresas dos seguintes setores: vestuário, têxtil, confecções, couro e calçados, plásticos, material elétrico, bens de capital (mecânico), ônibus, autopeças, naval, aéreo e móveis.

A *mens legis* é tornar as empresas mais competitivas no mercado, reduzindo seus custos, o que lhes possibilitará vender produtos ou prestar serviços por preços mais atrativos e promover formalização da mão de obra. Trata-se de parte do programa "Brasil Maior", asseverando-se na exposição de motivos da MP n. 563 que:

> a medida foi efetivamente associada à instituição de incentivos à formalização das relações de trabalho e ao fomento do nível de atividade nos setores contemplados com as alterações na sistemática de tributação.

Nos termos do art. 149, I, da CF contempla-se que as contribuições sociais não incidirão sobre as receitas decorrentes de exportação.

O dispositivo cria, pois, regra de imunidade que, conforme cediço, atinge o núcleo normativo, desviando da incidência da norma aquele determinado fato que restou excluído.

A imunidade abarca somente *as receitas* decorrentes de exportação e, portanto, não abrange a contribuição devida pelo empregador com fulcro no art. 22 da Lei n. 8.212/91, incidentes sobre a folha de pagamento.

Assim, as indústrias de vestuários, especialmente as de calçado, que sabidamente dedicam parte expressiva da sua produção ao mercado externo, terão maior redução da sua carga tributária, tornando-as mais competitivas com empresas cujo produto seja fabricado no estrangeiro.

Destarte, verifica-se que a substituição acarreta menor arrecadação para o "caixa" da Seguridade Social como um todo, e da previdência, de forma específica, pela destinação das contribuições previstas no art. 195, I, *a*, e II, da CF, para cobrir suas despesas, nos termos do art. 167, XI, da Carta Magna.[16]

---

(15) A Medida Provisória adrede citada reduz a alíquota de 1,5% para 1,0% e estende a benesse para os seguintes setores: têxtil, confecções, couro e calçados, plásticos, material elétrico, bens de capital (mecânico), ônibus, autopeças, naval, aéreo e móveis.

(16) Art. 167. São vedados:

...

XI – a utilização dos recursos provenientes das contribuições sociais de que trata o art. 195, I, a, e II, para a realização de despesas distintas do pagamento de benefícios do regime geral de Previdência Social de que trata o art. 201.

...

A Lei n. 12.546/11, em seu art. 9º, estabelece, então, que o fundo previsto no art. 68 da Lei Complementar n. 101, de 4 de maio de 2000,[17] será compensado pela União "no valor correspondente à estimativa de renúncia previdenciária decorrente da desoneração".

As Medidas Provisórias que preveem a desoneração da folha são de iniciativa do Poder Executivo. Não se discute a lisura do mecanismo do ponto de vista econômico. Não obstante, verifica-se que a própria União apresenta medidas que a coloca na posição de garantidora das receitas da Previdência Social, por diminuir a entrada de insumos na maneira como anteriormente prevista.

Ressalta-se, pois, à evidência, a dissociação entre os valores advindos do ingresso da Ação Regressiva com eventual déficit da previdência, mormente quando a própria União, por vezes, coloca-se na situação de ser chamada para complementar as receitas do caixa previdenciário, quer pela DRU, quer pelo mecanismo da desvinculação da receita adrede citado.

Por outras palavras, as contribuições previstas no art. 195 deverão ser suficientes para sustentar o custo dos benefícios previdenciários mantidos pela Previdência Social. Caso isso não ocorra, deverá a União complementar os recursos. O caráter subsidiário da sua participação no custeio (financiamento indireto) rejeita a adoção ordinária de outros mecanismos além das contribuições sociais previstas em lei. De fato, se o papel da União é subsidiário, pressupõe-se que a forma ordinária seja suficiente, a não ser excepcionalmente, para cobrir os gastos.

Nesse sentido que se afirma, portanto, que os valores advindos do êxito da Ação Regressiva não poderiam ser justificados como modo regular de ingresso de recursos ao caixa.

1.3. Financiamento dos Benefícios Decorrentes de Acidente do Trabalho

O financiamento dos benefícios decorrentes de acidente do trabalho e a proteção do segurado neste campo representam duas faces da mesma moeda. Há, de fato, relação intrínseca entre a teoria adotada para promover proteção ao trabalhador e a participação da empresa no setor.

A título de exemplo, depois da adoção da teoria do risco profissional, determinando-se que o empregador, por auferir lucros com o trabalho prestado por seu empregado, deveria se responsabilizar pelos acidentes relacionados à atividade, foi cogitado que os benefícios contariam, de alguma maneira, com a sua colaboração.

A adoção da forma de quotização, contudo, assume relevância jurídica a partir da edição da Lei n. 5.316, de 14 de setembro de 1967, com suas inúmeras alterações. As de maior destaque foram promovidas pela Lei n. 6.367/76, pelo Decreto n. 79.037/76 e pela Lei n. 7.787/89.

---

(17) O fundo foi constituído para garantir o pagamento dos benefícios previdenciários e sua receita é composta, entre outros recursos, com as contribuições incidentes sobre a folha de pagamento.

A Lei n. 5.316/67 encontrava arrimo no art. 158, XVII, da CF/67, que assegurava aos trabalhadores, em atenção à sua condição social, seguro obrigatório a cargo do empregador contra acidentes de trabalho. Determinava esse diploma, em obediência ao comando constitucional, a criação do seguro, a ser realizado no âmbito da Previdência Social.

Sobrevieram-lhe, então, modificações trazidas pela Lei n. 6.367/76 especificando que o seguro de acidentes do trabalho dos empregados integrantes do regime da Previdência Social da Lei Orgânica da Previdência Social (LOPS), cujos benefícios eram pagos pelo INPS, seria custeado pelo empregador mediante contribuição composta com alíquotas diferenciadas, incidentes sobre a folha de salário, nas seguintes frações: 0,4% para empresas que ofereciam risco leve; 1,2% para risco médio e 2,5% para risco grave.

Conforme se denota, os encargos decorrentes dos benefícios acidentários eram supridos pela efetiva participação dos empregadores, em razão da transferência do pagamento do benefício para a Previdência Social.

Com o advento da Lei n. 7.787/89, unificaram-se as alíquotas, passando-se a aplicar a fração de 2%, incidente sobre o total das remunerações pagas ou creditadas, no decorrer do mês, aos segurados empregados e avulsos. Este percentual poderia, ainda, ser incrementado por adicionais de 0,9%; 1,2% ou 1,8%, para as empresas que apresentassem índice de ocorrência de acidentes do trabalho superior à média do setor, apurados no trimestre anterior à competência.

A progressão das alíquotas em conformidade com desempenho da empresa em relação às demais do mesmo setor antecipa timidamente o formato posteriormente entabulado no art. 10 da Lei n. 10.666/03, denominado Fator Acidentário de Prevenção (FAP). Representa aplicação do princípio da isonomia adotando-se como *tertium comparationis* o risco.

Dispunham os arts. 3º e 4º:

Art. 3º A contribuição das empresas em geral e das entidades ou órgãos a ela equiparados, destinada à Previdência Social, incidente sobre a folha de salários, será:

...

II – de 2% sobre o total das remunerações pagas ou creditadas, no decorrer do mês, aos segurados empregados e avulsos, para o financiamento da complementação das prestações por acidente do trabalho.

Art. 4º A empresa cujo índice de acidente de trabalho seja superior à média do respectivo setor, sujeitar-se-á a uma contribuição adicional de 0,9% a 1,8%, para financiamento do respectivo seguro.

1º Os índices de que trata este artigo serão apurados em relação ao trimestre anterior.

2º Incidirão sobre o total das remunerações pagas ou creditadas as seguintes alíquotas:

Alíquota	Excesso do índice da empresa em relação ao índice médio do setor
0,9%	Até 10%
1,2%	de mais de 10% até 20%
1,8%	mais de 20%

Atualmente, a contribuição para os benefícios devidos por conta de acidentes de trabalho encontra duplo embasamento constitucional. Há correlação imediata entre ela e o preceito contido no art. 7º, XXVIII, da CF, que prevê como direito dos trabalhadores urbanos e rurais "seguro contra acidentes de trabalho, a cargo do empregador, sem excluir a indenização a que este está obrigado, quando incorrer em dolo ou culpa".

Além do disposto no art. 7º, XXXVIII, adrede citado, a exação em debate encontra, igualmente, esteio no art. 195, I, *a*, da CF, ao prever incidência de contribuições sociais a cargo dos empregadores incidentes sobre a folha de pagamento.

Coube, pois, ao legislador ordinário dar vazão à hipótese constitucional, o que restou efetivado com criação da contribuição prevista no art. 22, II, da Lei n. 8.212/91, apresentada nos seguintes termos:

Art. 22. A contribuição a cargo da empresa, destinada à Seguridade Social, além do disposto no art. 23, é de:

...

II – para o financiamento do benefício previsto nos arts. 57 e 58 da Lei n. 8.213, de 24 de julho de 1991, e daqueles concedidos em razão do grau de incidência de incapacidade laborativa decorrente dos riscos ambientais do trabalho, sobre o total das remunerações pagas ou creditadas, no decorrer do mês, aos segurados empregados e trabalhadores avulsos:

a) 1% (um por cento) para as empresas em cuja atividade preponderante o risco de acidentes do trabalho seja considerado leve;

b) 2% (dois por cento) para as empresas em cuja atividade preponderante esse risco seja considerado médio;

c) 3% (três por cento) para as empresas em cuja atividade preponderante esse risco seja considerado grave.

O tributo em questão reflete sua destinação específica: a) para custear a aposentadoria especial; b) para custear os benefícios devidos em razão de incapacidade laborativa decorrentes de riscos ambientais do trabalho.

Na redação original, todavia, destinava-se exclusivamente para o "financiamento da complementação das prestações por acidentes do trabalho". Procedeu-se, então, uma primeira modificação do dispositivo com o advento da Medida Provisória n. 1.523-14/1997, convertida na Lei n. 9.528, de 10 de dezembro de

1997. Por meio dela, a contribuição do SAT passou a integrar o financiamento dos benefícios concedidos *em razão do grau de incidência de incapacidade laborativa decorrente dos riscos de trabalho.*

A redação atual, acima transcrita, deu-se com o advento da MP n. 1.729/98, convertida na Lei n. 9.732, de 11 de dezembro de 1998, que estendeu o produto da arrecadação ao benefício previsto nos art. 57 e 58 da Lei n. 8.213/91 (aposentadoria especial).

Conforme dispõe o art. 22, II, da Lei n. 8.212/91, caberá a ato infralegal estabelecer correlação entre os graus de risco leve, médio e grave, com determinado setor econômico, tendo por base o histórico de acidentalidade fornecido pela empresa ao INSS. A fixação dos graus de risco por meio de decreto confere maior mutabilidade na variação das alíquotas[18]. Atualmente, depois de diversas alterações, as atribuições encontram-se previstas no Decreto n. 6.957/09.

Por fim, a Lei n. 10.666, de 8 de maio de 2003, previu a possibilidade de variação das alíquotas de um, dois ou três por cento, previstas no inciso II do art. 22 da Lei n. 8.212/91, desde que as empresas tivessem ocorrências relacionadas a acidente do trabalho em níveis inferiores à média verificada na correspondente atividade econômica, nos seguintes termos:

> Art. 10 A alíquota de contribuição de um, dois ou três por cento, destinada ao financiamento do benefício de aposentadoria especial ou daqueles concedidos em razão do grau de incidência de incapacidade laborativa decorrente dos riscos ambientais do trabalho, poderá ser reduzida, em até cinquenta por cento, ou aumentada, em até cem por cento, conforme dispuser o regulamento, em razão do desempenho da empresa em relação à respectiva atividade econômica, apurado em conformidade com os resultados obtidos a partir dos índices de frequência, gravidade e custo, calculados segundo metodologia aprovada pelo Conselho Nacional de Previdência Social.

A regulamentação do cálculo foi inicialmente prevista na Resolução MPS/CNPS n. 1.236 de 28 de abril de 2004, criando-se o Fator Acidentário Previdenciário, atualmente denominado *Fator Acidentário de Prevenção* (FAP), que consiste em multiplicador variável no intervalo contínuo de 0,5 a 2,0, considerando-se a gravidade, frequência e custo dos benefícios acidentários.

Denota-se a preocupação do legislador em conferir sentido ao objetivo previsto no art. 194, parágrafo único, V, da Carta Magna, que introduz o princípio da equidade na forma de participação do custeio ao financiamento da seguridade social.

Por meio dele, exige-se que a lei, tanto ao ser editada quanto ao ser aplicada, não contenha discriminações nas situações jurídicas em que os sujeitos encontrem-se

---

[18] O STF decidiu pela constitucionalidade deste formato no julgamento do RExt 343.446/SC, Rel. Min. Carlos Velloso, DJ 04.04.03, v.u.

em pé de igualdade. A *contrario sensu*, devem merecer tratamento diferenciado todos que se encontrem em desequilíbrio, nivelando-os.

Em razão dos diversos graus de riscos atribuíveis à contribuição do SAT, denota-se relação de causalidade entre "pertencer a um CNAE" e "gerar uma determinada doença", permitindo melhor ajustamento entre a realidade fática e a hipótese normativa. "*A estatística pode determinar que: quanto mais expressivos forem os benefícios deferidos a integrantes de certo segmento econômico tanto mais provável será que tal grupo fique exposto às causas que levam ao desenvolvimento de certa doença*".[19]

A estipulação das alíquotas de 1%, 2% ou 3%, todavia, não satisfazia ao comando constitucional, pois inibia a aplicação da equidade na forma de participação do custeio, manifestação que é do princípio da equidade. O simples fato de pertencer a determinado setor não significa que inexoravelmente a empresa apresente alto ou baixo grau de acidentalidade. Daí a justificativa da criação do FAP que, sublinhe-se, a exemplo do que previra a Lei n. 7.789/89, analisa certa empresa em relação às demais do mesmo grupo.

A contribuição da Previdência Social vertida pelas empresas relaciona-se com a Ação Regressiva, pois, conforme se depreende, houve pagamento prévio dos benefícios concedidos em razão dos riscos ambientais do trabalho.

Neste ponto, todavia, faz-se mister abrirmos um parêntese para verificar o impacto do custeio da aposentadoria especial, igualmente abrangido pelo art. 22, II, acima citado, bem como se, na prática, é possível a efetivação do conteúdo do art. 195, § 5º, anteriormente mencionado. Por outras palavras, iremos analisar se a arrecadação prevista no art. 22, II, da Lei n. 8.212/91 é suficiente para dar vazão aos benefícios a que se propõe financiar.

1.3.1. Benefícios acidentários e aposentadoria especial

Conforme aduzido, o financiamento dos benefícios acidentários encontra guarida no art. 22, II, da Lei n. 8.212/91, que trata, também, do financiamento da aposentadoria especial, incrementados pelos adicionais previstos no art. 57, § 6º, da Lei n. 8.213/91.

O art. 18 da Lei n. 8.213/91 prevê as seguintes prestações a serem implementadas a cargo do INSS:

> Art. 18. O Regime Geral de Previdência Social compreende as seguintes prestações, devidas inclusive em razão de eventos decorrentes de acidente do trabalho, expressas em benefícios e serviços:

---

(19) BALERA, Wagner. *A Contribuição para a Aposentadoria Especial e para o Seguro de Acidentes do Trabalho*, in Contribuições para Seguridade Social, Coord. Sacha Calmon Navarro Coelho. São Paulo: Quartier Latin, 2007. p. 731.

I – quanto ao segurado:

a) aposentadoria por invalidez;

...

e) auxílio-doença;

...

h) auxílio-acidente;

...

II – quanto ao dependente:

a) pensão por morte;

...

Cada benefício contém suas peculiaridades, merecendo destaque, contudo, aqueles cuja origem seja um acidente do trabalho.

De toda forma, todos nascem diretamente de um acidente. Sem ele, por óbvio, não haverá benefício acidentário e, portanto, seu custeio estará desassociado das contribuições previstas no art. 22, II, da Lei n. 8.212/91. Por acidente do trabalho, entenda-se tanto o acidente típico, previsto no art. 19 da Lei n. 8.213/91, quanto as doenças profissionais ou do trabalho, constantes do art. 20 do mesmo diploma, que, aliás, podem ter o nexo firmado por meio do Nexo Técnico Previdenciário (art. 21-A). Serão, ainda, acidentes do trabalho as ficções contidas no art. 21 da Lei n. 8.213/91, a exemplo do ocorrido no trajeto do trabalhador entre o local em que exerce sua atividade e a sua residência[20].

---

(20) Art. 19. Acidente do trabalho é o que ocorre pelo exercício do trabalho a serviço da empresa ou pelo exercício do trabalho dos segurados referidos no inciso VII do art. 11 desta Lei, provocando lesão corporal ou perturbação funcional que cause a morte ou a perda ou redução, permanente ou temporária, da capacidade para o trabalho.

...

Art. 20. Consideram-se acidente do trabalho, nos termos do artigo anterior, as seguintes entidades mórbidas:

I – doença profissional, assim entendida a produzida ou desencadeada pelo exercício do trabalho peculiar a determinada atividade e constante da respectiva relação elaborada pelo Ministério do Trabalho e da Previdência Social;

II – doença do trabalho, assim entendida a adquirida ou desencadeada em função de condições especiais em que o trabalho é realizado e com ele se relacione diretamente, constante da relação mencionada no inciso I.

...

Art. 21. Equiparam-se também ao acidente do trabalho, para efeitos desta Lei:

...

d) no percurso da residência para o local de trabalho ou deste para aquela, qualquer que seja o meio de locomoção, inclusive veículo de propriedade do segurado.

...

Esta é uma das características que marca profundamente a distinção entre os benefícios acidentários e a aposentadoria especial, atualmente também acobertada por estas contribuições: a contingência protegida é mais facilmente verificável nos primeiros.

Sua previsão (da aposentadoria especial) encontra esteio no art. 57 da Lei n. 8.213/91, que dispõe:

> Art. 57. A aposentadoria especial será devida, uma vez cumprida a carência exigida nesta Lei, ao segurado que tiver trabalhado sujeito a condições especiais que prejudiquem a saúde ou a integridade física, durante 15 (quinze), 20 (vinte) ou 25 (vinte e cinco) anos, conforme dispuser a lei.

As condições especiais dizem respeito a agentes nocivos químicos, físicos e biológicos ou associação de agentes prejudiciais à saúde ou à integridade física, cuja listagem daqueles considerados para fins de concessão da aposentadoria especial de que trata este artigo será definida pelo Poder Executivo (art. 58).

Conforme a maior ou menor nocividade do agente haverá redução do tempo necessário para que faça o segurado jus à jubilação, que poderá se dar em 15, 20 ou 25 anos. A concessão da aposentadoria especial dependerá, ainda, da comprovação da exposição do agente por tempo de trabalho permanente, não ocasional nem intermitente, em condições especiais que prejudiquem a saúde ou a integridade física (art. 57, § 3º).

Nos termos do que fora aduzido, a contingência, que para os benefícios por incapacidade é protuberante, é de difícil conceituação para o caso das aposentadorias especiais. Note-se para tanto que o art. 201 prevê a proteção para os seguintes riscos, dentre os quais nenhum se amolda com perfeição a este benefício:

> I – cobertura dos eventos de doença, invalidez, morte e idade avançada;
>
> II – proteção à maternidade, especialmente à gestante;
>
> III – proteção ao trabalhador em situação de desemprego involuntário;
>
> IV – salário-família e auxílio-reclusão para os dependentes dos segurados de baixa renda;
>
> V – pensão por morte do segurado, homem ou mulher, ao cônjuge ou companheiro e dependentes, observado o disposto no § 2º.

Assim, em relação à sua natureza jurídica, "para alguns, este benefício seria uma espécie de aposentadoria por invalidez antecipada, na medida em que propor-

---

Art. 21-A. A perícia médica do INSS considerará caracterizada a natureza acidentária da incapacidade quando constatar ocorrência de nexo técnico epidemiológico entre o trabalho e o agravo, decorrente da relação entre a atividade da empresa e a entidade mórbida motivadora da incapacidade elencada na Classificação Internacional de Doenças – CID, em conformidade com o que dispuser o regulamento.

...

ciona a aposentação antes de o segurado ser efetivamente incapacitado pelos agentes nocivos a que está exposto. Outros a definem como espécie de aposentadoria por tempo de contribuição, qualificada em razão da nocividade da atividade desenvolvida. Por fim, há quem veja uma nova espécie de aposentadoria, a par das já existentes".[21]

Aparentemente assiste razão à última corrente. De toda forma, o legislador presume o maior desgaste do trabalhador em razão da exposição a agentes nocivos e que, em última análise, compõem o meio ambiente do trabalho. O desgaste a que se refere a Lei, portanto, não necessariamente será verificado no plano fenomênico.

Neste sentido dá-se a diferenciação deste benefício com os acidentários, que, no que diz respeito à contribuição do SAT, sempre terão origem em um acidente do trabalho, e a contingência apresenta-se de forma explícita, seja quando configurada pela incapacidade, total ou parcial, ou pela morte.

1.3.1.1. *Consequências financeiras da cobertura da aposentadoria especial pela alíquota SAT*

Em que pese a existência da regra da contrapartida, tratada alhures, de uma forma geral não há correspondência imediata entre as diversas fontes de custeio com a manutenção dos benefícios. A constituição, no seu art. 167, XI, determina que obrigatoriamente as contribuições sobre a folha de pagamento, e as devidas pelos empregados (art. 195, II), sejam utilizadas para cobertura das contingências previstas no art. 201. Entretanto a distribuição dos recursos será feita aprioristicamente. Assim, a contribuição de um segurado, por exemplo, poderá suportar a pensão por morte ou um auxílio-doença cujo fato gerador seja um acidente comum. Por outras palavras, uma vez que as contribuições ingressam para o caixa, formarão um monte único, sem associação a um benefício específico.[22]

Esta sistemática engloba exceções. Assim, em razão do que dispõe o art. 7º, XXVIII, da CF, haverá necessidade de previsão de custeio específico para os benefícios decorrentes de acidentes do trabalho, conforme adrede aduzido.

Neste sentido, para estes casos, é possível traçar a imediata correlação entre a arrecadação e o pagamento de benefícios.

---

(21) IBRAHIM, Fábio Zambitte. *Curso de Direito Previdenciário*. 17. edição. Niterói: Impetus, 2012. p. 622.

(22) Não se pode perder de vista, ademais, que o legislador adotou o regime de repartição, por meio do qual as contribuições dos funcionários ativos sustentam os benefícios atualmente mantidos pela Previdência Social, naquilo que se denominou de pacto entre gerações, pela ausência de constituição de reservas para pagamentos futuros.

Benefícios	96	97	98	99	11
Aposent.Invalidez	219.164.000,00	273.434.000,00	339.711.000,00	372.981.000,00	2.371.443.000,00
Pensões Acidentárias	368.286.000,00	436.574.000,00	500.799.000,00	533.698.000,00	1.513.935.000,00
Auxílio-Doença	294.720.000,00	391.045.000,00	486.951.000,00	465.678.000,00	2.627.518.000,00
Auxílio-Acidente	235.310.000,00	312.472.000,00	415.594.000,00	426.044.000,00	1.817.623.000,00
Auxílio-Suplementar	49.597.000,00	59.607.000,00	62.777.000,00	62.290.000,00	124.587.000,00
Total	1.167.077.000,00	1.473.132.000,00	1.805.832.000,00	1.860.691.000,00	8.455.106.000,00

Fonte: Anuário Estatístico da Previdência Social/Suplemento Histórico 2008

Os valores acima, portanto, representam o custo total de cada uma das espécies de benefícios acidentários mantidos nos anos de 1996 a 1999, bem como em 2011, sendo possível constatar a somatória anual destas prestações, sublinhe-se, custeada pela alíquota SAT, prevista no art. 22, II, da Lei n. 8.212/91.

Foram considerados os anos de 1996 a 1999 apenas para fins de confronto, tendo em vista que, a partir de dezembro de 1998, a aposentadoria especial passou, conforme asseverado, a ser acobertada pela mesma contribuição (SAT), acrescendo-se, para tanto, o denominado *adicional da alíquota SAT*, previsto no § 6º do art. 57 da Lei n. 8.213/91.

Deve ser, então, questionado se até 1998, inclusive, as contribuições previstas para o custeio das prestações decorrentes de acidentes do trabalho proporcionavam equilíbrio do sistema. Para tanto, na tabela abaixo foram relacionados o custeio, na forma como disponibilizado pelo Anuário Estatístico da Previdência Social, dos SATs urbano e rural. A coluna "benefício acidentários", por seu turno, comporta a somatória dos valores gastos, nos termos da tabela anterior.

Ano	SAT Urbano	SAT Rural	Total	Benefícios Acid.	Diferença 1	Apos. Especial	Diferença 2
96	2.431.972.017,00	0	2.431.972.017,00	1.167.077.000,00	1.264.895.017,00	0	1.264.895.017,00
97	2.478.118.651,00	26.860.836,00	2.504.979.487,00	947.913.000,00	1.557.066.487,00	0	1.557.066.487,00
98	2.465.602.066,00	21.965.074,00	2.487.567.140,00	1.746.704.000,00	740.863.140,00	0	740.863.140,00
99	2.764.480.444,00	24.541.197,00	2.789.021.641,00	1.860.691.000,00	928.330.641,00	3.439.188.000,00	-2.510.857.359,00
11	13.591.366.000,00	0	13.591.366.000,00	8.455.106.000,00	5.136.260.000,00	7.873.494.000,00	-2.737.234.000,00

Conforme se depreende da sexta coluna (diferença 1), que representa o resultado da subtração do total do SAT recolhido com a somatória dos pagamentos dos benefícios acidentários, havia farta sobra de receitas em relação às despesas, verificando-se que as empresas arcavam com cerca do dobro do valor necessário para cobertura destas prestações.

Note-se que, mesmo no ano de 1999, quando a aposentadoria especial passou a ser custeada pela mesma contribuição, havia sobras no caixa, se tomássemos somente as despesas advindas dos benefícios acidentários (vide "diferença 1").

No ano de 2011, conforme se denota, houve arrecadação de 13,5 bilhões para custeio destes benefícios, sendo que os de natureza acidentária representaram custo de 8,45 bilhões, permitindo que sobrassem 5,13 bilhões em caixa.[23]

As despesas com as aposentadorias especiais, contudo, numa primeira análise, parecem demonstrar alteração deste cenário. Assim, depois que passaram a fazer parte desta contabilidade, denota-se que a alíquota SAT, *aparentemente*, não é mais suficiente para dar vazão às despesas, verificando-se suposto déficit de 2,51 bilhões em 1999 e 2,73 bilhões em 2011 (vide diferença 2). *Aparentemente*, pois, na realidade, o custo adicional da aposentadoria especial em relação a por tempo de contribuição refere-se somente à redução do período de aquisição, que para um homem variará entre dez a vinte anos, e para as mulheres de cinco a quinze.

Com efeito, um homem que se aposentasse por tempo de contribuição com trinta e cinco anos de serviço e realizasse atividade que lhe permitisse jubilar com vinte e cinco anos implicaria numa redução da entrada de contribuições sociais correspondente a dez anos. Esse período, contudo, deveria ser compensado pelo adicional de 6% previsto no art. 57, § 6º, da Lei n. 8.213/91.

1.3.1.2. Violação ao art. 195, § 5º, da CF

A aposentadoria especial já existia antes de ser alocada no custeio dos benefícios acidentários, de sorte que as despesas dela advindas eram regularmente suportadas pelas demais contribuições incidentes sobre a folha, devidas pela empresa (art. 22), bem como por aquela a cargo do empregado, incidente sobre sua remuneração (art. 20).

Para compreensão do tema, devemos retomar a noção de que o caixa da Previdência Social é único, de forma que as sobras decorrentes de contribuições vertidas para um benefício serão automaticamente aproveitadas para o pagamento dos demais.

De toda forma, a previsão constitucional especifica no sentido de que os benefícios decorrentes de acidente do trabalho sejam custeados por contribuição

---

(23) As despesas decorrentes dos benefícios pagos em razão de acidentes do trabalho representam 2,83% do total os benefícios pagos, que, em 2011, superou 299 bilhões.

independente, a cargo do empregador, e a criação deste mecanismo pelo legislador, conferem maior efetividade à regra da contrapartida, cuja incidência passa a ser mais notável.

Note-se que a forma presentemente utilizada pelo legislador, depois da Lei n. 9.732/98, impede que seja feita a correta correspondência entre os custos advindos dos benefícios decorrentes de acidentes do trabalho e seu respectivo custeio, não apenas pela incorporação da aposentadoria especial, mas, também, pois na atual redação do inciso II da Lei n. 8.212/91 são alvo de proteção *os riscos ambientais do trabalho*, expressão com sentido deveras amplo.

Na mesma esteira, o Anuário da Previdência Social não faz menção expressa se, a partir de 1999, estaria sendo contabilizada, nas receitas decorrentes desta exação (SAT), a arrecadação advinda do adicional da alíquota SAT (art. 57, § 6º, da Lei n. 8.213/91).

De toda sorte, a correspondência hermética que havia entre a contribuição prevista no art. 22, II, da Lei n. 8.212/91 e os referidos benefícios foi quebrada pela nova sistemática, que tornou o cenário nebuloso. Não é mais possível saber se estas contribuições são suficientes para acobertar os riscos a que se propõem (ambientais do trabalho) e que, agora, inclui a aposentadoria especial.

Não se pode esquecer, ressalta-se à evidência, que para este benefício a qualificação da contingência diz respeito somente à redução do tempo para jubilação em relação àquela considerada para a aposentadoria por tempo de contribuição, e estes cálculos deveriam ser apresentados pela Previdência.

O formato atualmente utilizado, portanto, retira a transparência das contas do INSS, pela inexistência de cálculos atuariais que embasem as contribuições criadas que foram para uma finalidade específica. O fato é que, pelas contas apresentadas, as contribuições sociais que até 1998 proporcionavam perfeito suporte aos benefícios que se propunham acobertar (decorrentes de acidentes do trabalho) passaram a ser deficitárias, em que pese o aumento da receita promovido pelo adicional previsto no art. 57, § 6º, acima citado.

É difícil saber se a *aparente* insuficiência de fundos, fomentada pelas alterações trazidas pela Lei n. 9.732/98, deu-se por mero descuido e falta de organização contábil, ou se se trata de manobra para sugerir haver falta de verbas, não obstante o incremento das receitas em razão do adicional da alíquota SAT.

De toda forma, constata-se que a medida esbarra nas diretrizes do equilíbrio financeiro e atuarial do sistema, bem como na regra da contrapartida. Não pelo fato de os recursos angariados não serem suficientes para acobertar os benefícios a que se propõem; mas pela falta de transparência das finanças, impedindo que a projeção prevista no art. 96 se concretize, ou que se apure com rigor quais as repercussões de cada benefício no caixa da Previdência.

Basta para tanto, ressalta-se, verificarmos que antes de 1998 a aposentadoria especial já existia e era custeada com as verbas provenientes das contribuições sobre a folha, bem como que, à época, a arrecadação do SAT era quase duas vezes maior do que as despesas a que se destinava.

Por óbvio, nas provisões gerais, subtraindo-se todas as despesas com benefícios de todas as receitas que lhes servem de suporte, a situação restou inalterada.

Não obstante, analisando-se a questão pelo viés da relação da contribuição dos acidentes do trabalho e da aposentadoria especial, denota-se que o legislador infraconstitucional promoveu a dissociação entre risco e custeio, a ser obrigatoriamente observado pela imposição dos dispositivos constitucionais citados, bem como pela aplicação, ainda que de forma limitada, das diretrizes securitárias para a Previdência Social.

Não obstante, é possível constatar que historicamente o recolhimento do SAT é satisfatório no que diz respeito ao risco gerado pelas empresas: havia sobra no caixa se analisados os números até 1997, tudo a indicar que este cenário permanece até os dias de hoje.

Esta sobra no caixa, por si só, não é suficiente para inibir a propositura da ação regressiva, pois ela não se presta como forma de arrecadação, conforme será tratado em tópico específico. A questão tem, de fato, um viés político, e não jurídico. Aqueles que pretenderem sensibilizar determinado público-alvo podem relevar o custo apresentado pelos benefícios acidentários para justificar a ação. Esse argumento, todavia, pouco técnico, não passa de jogo sensacionalista (*vide* tópico 4.3.1).

1.3.2. *FAP e ação regressiva*

Conforme aduzido, poder-se-ia cogitar se o FAP individualiza a contribuição para os benefícios por incapacidade, afastando a possibilidade de ajuizamento da Ação Regressiva[24]. Para justificar a tese, aponta-se haver relação diretamente proporcional entre o aumento da carga tributária, em decorrência da aplicação deste índice, com a acidentalidade da empresa. Por outras palavras, os custos que o INSS suportaria pela concessão de certo benefício estariam contidos no acréscimo decorrente da elevação da alíquota SAT por consequência da incidência do FAP, majorado pelo benefício em questão.

Para a compreensão do tema, há de se analisar mais detidamente o mecanismo criado pela Lei n. 10.666/03, nos termos do art. 10, adrede citado.

Da redação do dispositivo, destacam-se certos parâmetros:

> Art. 10. A alíquota de contribuição (...), destinada ao financiamento do[s] benefício[s](...) concedidos em razão do grau de incidência de incapacidade

---

[24] Nesse sentido: MIRADOURO, Luiz Felipe de Alencar e CAMPOS, Rodrigo Ramos de Arruda. *Ações regressivas do INSS não têm embasamento*. Disponível em: <http://www.conjur.com.br/2012-mai-31/acoes-regressivas-inss-nao-embasamento-fatico-ou-juridico>. Acesso em: 10.12.12 02.05.12.

laborativa decorrente dos riscos ambientais do trabalho, *poderá ser reduzida, em até cinquenta por cento, ou aumentada, em até cem por cento,* (...) *em razão do desempenho da empresa em relação à respectiva atividade econômica,* (...).

A lei previu, portanto, *variação* da alíquota SAT de metade ao dobro, observados critérios de frequência, gravidade e custo em razão do retrato da acidentalidade de certa empresa. O detalhamento do cálculo foi criado por metodologia aprovada pelo Conselho Nacional de Previdência Social, que obrigatoriamente deverá promover o cruzamento destes três vetores.

Nessa esteira, atualmente o cálculo encontra-se formulado na resolução MPS/CNPS n. 1.316, de 31 de maio de 2010.

Em breves linhas, o FAP tem sua configuração considerando-se os seguintes benefícios: auxílio-doença acidentário (B91); aposentadoria por invalidez acidentária (B92), e a pensão por morte acidentária (B93); todos passíveis de ser objeto da Ação Regressiva, *se* verificada negligência de normas regulamentadoras do trabalho.

O cálculo do FAP resulta da interação de três vetores, levados em conta segundo os parâmetros traçados pelo legislador ordinário: a) coeficiente de frequência, b) coeficiente de gravidade e c) coeficiente de custo.

O coeficiente de frequência estabelece a razão entre os benefícios mencionados e o número médio de vínculos empregatícios do mesmo período.

O coeficiente de gravidade resulta, grosso modo, da relação entre o número de dias não trabalhados em razão de incapacidades para o trabalho e aqueles efetivamente laborados, observada média de vínculos no período de um ano.

O coeficiente de custo representa a razão entre os valores despendidos pelo INSS para o pagamento dos benefícios de natureza acidentária e o valor arrecadado por meio do SAT, conforme declaração feita nas Guias de Recolhimento do Fundo de Garantia e Informações à Previdência Social (GFIP).

Deve ser ressaltado que o FAP não advém do cruzamento direto entre os números obtidos com cada coeficiente. Na realidade, estes valores serão comparados entre todas as empresas de um grupo, posicionando-as, do menor para o maior. O número correspondente à classificação é que integra a fórmula cujo resultado apontará o índice.

A finalidade do FAP não é, pois, a de majorar ou reduzir a carga tributária, mas sim de balanceá-la de acordo com o risco proporcionado. Essa assertiva é de suma importância para análise no que toca a Ação Regressiva, e será o ponto fulcral no enfretamento de algumas questões pertinentes ao tema.

Para tanto, deve-se indagar: a) se ocorrência de acidente de trabalho implicará invariavelmente no incremento do montante arrecadado pela empresa; b) se eventual majoração da carga tributária por conta do FAP seria argumento hábil para sustentar a tese de que tal fato obsta o ajuizamento da Ação Regressiva pelo

INSS, impedido que estaria de pleitear os custos advindos da concessão do benefício responsável por tal majoração.

Não se faz necessário adentrar nos meandros do cálculo do FAP, engendrado em sucessivas resoluções, além das considerações acima tecidas.

Conforme afirmado, o FAP presta-se ao equilíbrio da carga tributária em consonância com o objetivo da equidade na participação do custeio, corolário do princípio da isonomia aplicável ao financiamento da Seguridade Social. Adotou o legislador o risco como discrímen a fim de colocar os sujeitos passivos da obrigação tributária em condição de igualdade. Assim, aquele que apresentar acidentalidade mais preocupante, levando-se em conta não apenas a frequência com que os acidentes ocorrem, mas também suas gravidades e o custo que geraram, contribuirá com valor maior.

Esta sistemática não é nova. Encontra-se presente, v.g., no custeio do seguro desemprego, previsto no art. 239, § 4º, da Constituição Federal, que estabelece relação diretamente proporcional entre o índice de rotatividade de mão de obra exibida pela empresa e o valor a ser despendido para o financiamento do benefício correspondente.

Sendo o risco o cerne da Previdência Social, cabendo ao Estado amparar aqueles que sofreram gravame em decorrência da concretização das contingências constitucionalmente previstas (art. 201, I a V), nada mais justo do que majorar a contribuição dos que colaborarem sobremaneira para a concessão de benefícios.

O risco não é a única forma de manifestação da isonomia no custeio previdenciário. O próprio texto constitucional autoriza a criação de bases de cálculo e alíquotas diferenciadas conforme a natureza das atividades desenvolvidas pela empresa (art. 195, § 5º), possibilitando, v.g., a substituição da contribuição sobre a folha de pagamento por outra incidente sobre a receita, para os sujeitos que se dediquem à exploração de agropecuária.

De toda sorte, a adoção do risco, mormente para o caso de contribuição criada especificamente para o custeio de benefícios acidentários, como é o caso daquela prevista no art. 22, II, c.c. art. 10 da Lei n. 10.666/03, é extremamente bem-vinda.

Essas diretrizes, contudo, são contrárias ao entendimento de que haveria individualização do custeio pela aplicação do FAP, que não se presta, ressalta-se à evidência, a simplesmente acrescer a carga daquele que apresente acidentes, mas sim conferir-lhe peso correto em relação às demais empresas do mesmo setor econômico.

Esta afirmativa é corroborada pela interpretação literal do art. 10 adrede citado, quando dispõe que a variação de metade ao dobro das alíquotas previstas no art. 22, II, *a*, *b* e *c*, da Lei n. 8.212/91, dar-se-ão:

"em razão do desempenho da empresa em relação à respectiva atividade econômica"

Como não poderia deixar de ser, a análise é relativa e não absoluta: a empresa não será analisada isoladamente, mas sim em confronto com as demais que se dediquem a mesma atividade.

Para melhor inteligência do papel do FAP, questiona-se: seria isonômico impor elevação da contribuição do SAT da Empresa A, que apresente dez acidentes dos quais cinco impliquem na concessão de aposentadorias por invalidez?

A resposta para esta indagação não seria possível para tributações regidas pelo princípio da *equidade na forma de participação do custeio*. De fato, para que se diga que a situação é igualitária, pressupõe-se a existência do *tertium comparationis*. Isso significa dizer que certa qualidade será eleita para fins de comparação entre, pelo menos, dois sujeitos.

Consequentemente, para que a isonomia se efetive, faz-se mister que dois sujeitos sejam comparados em relação a alguma propriedade comum (no caso, o risco). Constatada eventual diferença acerca de certo aspecto presente nos objetos de estudo (oferecer maior ou menor risco), levando-se em conta o sentido material do princípio, deverá haver intervenção externa (seja do legislador ou do aplicador da lei) para proporcionar equilíbrio.

Aplicando-se essa ideia à pergunta formulada, temos como *tertium comparationis* o risco, concretizado, no exemplo, na forma de acidentes do trabalho. O legislador impôs, ainda, para completa gradação do risco envolvido, que fossem levados em conta o custo, a gravidade e a frequência gerados pelo evento.

Imagine-se, agora, que todas as demais empresas deste grupo econômico apresentaram, cada, vinte acidentes, dando ensejo a vinte pensões por morte. Para facilitar o raciocínio, deixemos de lado o custo de cada benefício, ainda que este vetor seja, na prática, relevante para justa comparação. Assumiremos, todavia, que as pensões foram todas mais custosas do que as aposentadorias por invalidez concedidas na Empresa A.

Em consonância com o princípio da equidade na forma de participação do custeio, a carga tributária da Empresa A destinada ao financiamento dos benefícios por incapacidade deveria ser menor do que a de outras do mesmo grupo.

A atribuição do FAP, observado o posicionamento de uma empresa em relação às demais de igual categoria, corrobora esta sistemática.

Denota-se, pois, não haver relação direta entre benefício pago em decorrência de certo acidente e a acentuação do ônus tributário da empresa.

Sublinhe-se que esta leitura independe da configuração do cálculo eventualmente criada, que por ser prevista por resolução poderá sofrer periódicas alterações, mas nunca deixar de respeitar as diretrizes apontadas em lei: cruzamento dos vetores gravidade, custo e frequência, e análise de um sujeito *em relação aos demais do mesmo grupo* (princípio da isonomia).

Não obstante, ainda que o problema fosse analisado no universo do cálculo na forma como proposto, verificar-se-ia que o raciocínio, quando aplicado à prática, mantém sua validade.

Antes, entretanto, deve-se ter em mente que não serão todos os benefícios acidentários que serão objetos de eventual Ação Regressiva, mas somente os que ocorrerem em razão do descumprimento de norma regulamentadora do trabalho.

O FAP, atualmente, encontra-se previsto na resolução MPS/CNPS n. 1.316, de 31 de maio de 2010, e em seus itens 2.3 e seguintes menciona quais espécies de benefícios serão consideradas no seu cálculo. Não há ressalvas quanto à contabilização de acidentes de trajetos previstos no art. 21 da Lei n. 8.213/91 e tidos como se acidente do trabalho fossem por ficção jurídica.

A ficção jurídica, lembre-se, corresponde à criação de algo que o legislador sabe não ser verdade, mas, por querer dar determinado alcance jurídico a certa situação, assume como realidade.

Nessa esteira, serão considerados acidentes do trabalho, por equiparação, v.g., os ocorridos fora da dependência da empresa no percurso da residência ao local de trabalho (art. 21, IV, d). O legislador sabe de antemão que caso o funcionário venha a se acidentar no trajeto que percorre entre sua residência e o local de trabalho não desempenhava a função para a qual fora contratado e, portanto, este fato não seria considerado como acidente do trabalho.

De toda sorte, a fim de aumentar a proteção social do obreiro, que afinal de contas somente percorre aquele caminho em razão do ofício que realiza, estatui-se que os acidentes que eventualmente ali ocorrerem serão considerados como se do trabalho fossem.

Há os que dirão, com razão, que estes acidentes, ainda que bem-vindos do ponto de vista da proteção social, não poderiam servir de parâmetro para aumentar a carga tributária da empresa, pois fogem da sua esfera de controle e, portanto, não se prestam para assumir a finalidade de *tertium comparationis*. Não é cabido, todavia, tecer este ponto a minúcias, sob pena de desvirtuar o objeto do presente estudo. De toda sorte, este exemplo bem expressa a dissociação entre a ocorrência de acidentes que sejam computados no cálculo do FAP e o objeto da Ação Regressiva.

Imagine-se, então, a Empresa B que apresente, para sua desventura, dez acidentes ocorridos no trajeto de seus funcionários, entre a residência e o local de trabalho, e que outras do mesmo grupo, tendo em vista a péssima conservação das vias da região, igualmente ostentem acidentes da mesma natureza.

Cogite-se, ainda, que a Empresa C apresente apenas um único acidente, cujo custo seja inferior aos ocorridos *in itinere* apresentados pelas demais, mas ocasionado por flagrante descumprimento de normas regulamentadoras de segurança do trabalho, o que daria ensejo ao ajuizamento de Ação Regressiva.

Digamos, por fim, que as outras empresas do grupo apresentem todas mais do que um acidente. O FAP da Empresa C será 0,5, reduzindo a contribuição do SAT na metade, demonstrando-se claramente que o acidente ocorrido pelo descumprimento de normas de segurança não foi responsável pela majoração da sua carga tributária.

Neste exemplo, restaria afastado o argumento de que o FAP, por individualizar o custeio dos benefícios acidentários, implicaria na impossibilidade de ajuizamento da Ação Regressiva, porque o custo do benefício correspondente teria sido diretamente pago pela empresa.

Por óbvio, poder-se-ia cogitar na situação inversa. Suponha-se um grupo econômico em que nenhuma das empresas apresente acidentes, com exceção de uma que, por contrariar normas de segurança, perdeu algum de seus funcionários. Seu FAP será, obrigatoriamente, superior a 1,0000.

Nesta hipótese, haveria quem alegasse que este benefício foi responsável pela majoração da carga tributária. Poder-se-ia aduzir que a elevação do *quantum* deu-se diretamente pela sua ocorrência, pois, se não fosse por ele, o FAP da empresa seria menor do que 1,0000. Por outras palavras, ter-se-ia que FAP – FAP2(25) x SAT x folha de pagamento equivaleria exatamente ao valor que a empresa pagaria em decorrência da concretização do risco, por sua culpa.

Contudo a resposta para indagação se o benefício decorrente do referido acidente foi diretamente pago pela Empresa C continuaria sendo negativa, pois o FAP pressupõe, conforme afirmamos anteriormente, a equalização da carga tributária e não a sua necessária majoração pela ocorrência de eventual acidente.

Neste último exemplo, não foi o acidente que majorou a carga tributária, mas sim sua relação com a acidentalidade de todas as demais empresas do segmento.

Conclui-se, pois, pela neutralidade do FAP no tocante à cobertura dos benefícios por incapacidade. Eventual aumento ou redução na arrecadação depois da aplicação do índice não se dá pela existência de acidentes analisados isoladamente, mas sempre pela acidentalidade de diversas empresas de um mesmo grupo econômico, vista conjuntamente.

O raciocínio vai ao encontro do argumento de não cabimento da Ação Regressiva em razão do prévio custeio dos benefícios acidentários, mesmo quando o empregador tenha agido com culpa.

Os custos haviam sido cobertos antes da implantação do FAP e continuaram sendo depois, só que de forma mais equânime. O custeio, então, é o responsável por afastar eventual prejuízo do INSS; não o FAP analisado isoladamente, que apenas colabora para que as cargas tributárias sejam distribuídas da maneira mais justa, pela adoção do risco como *tertium comparationis*.

O FAP, ademais, não é sequer aplicado em todas as empresas. É o que se verifica, por exemplo, naquelas que se sujeitam ao regime dos arts. 22-A (agroindústrias), 25 (produtor rural pessoa física), ambos da Lei n. 8.212/91, e do art. 25 da Lei n. 8.870/94 (produtor rural pessoa jurídica). Para estas figuras, conforme cediço, a contribuição para os benefícios por incapacidade é feita mediante

---

(25) Onde *FAP 2* corresponde ao cálculo do índice excluída a ocorrência do acidente.

aplicação de alíquota fixa (diferenciada conforme a espécie) incidente sobre a receita proveniente da comercialização da produção.

O mesmo se diga para empresas com menos de dois anos de constituição, nos termos do item 2.5 da Resolução n. 1.316/10, que não têm o FAP calculado.

A errônea afirmação de que o FAP individualiza o custeio da previdência, acentuando a carga tributária na proporção direta do número de acidentes apresentados, tornaria confusa a situação das empresas que a ele não se sujeitam. Poder-se-ia sugerir que nestes casos, pela falta de individualização, o benefício objeto da ação movida pelo INSS não teria sido diretamente coberto, o que seria inverídico.

O custeio da Previdência Social não pode ser maior ou menor do que as despesas advindas dos benefícios e serviços prestados por este pilar da seguridade social e o FAP, conforme exaustivamente debatido, presta-se a equacionar a tributação e não a diretamente majorá-la ou reduzi-la.[26]

Nessa esteira, conceber o FAP como individualização da contribuição para os benefícios acidentários concluindo que este fato implicaria na perda de objeto da Ação Regressiva (ausência de prejuízo) implicaria na estranha proposição de que, para os casos em que não houve aplicação deste índice, a ação seria cabível, pois o evento não foi coberto.

Uma ressalva deve ser feita acerca da conclusão acima, mormente no que diz respeito ao papel de distribuição da carga tributária promovida pelo FAP.

A Resolução n. 1.316/10 prevê a possibilidade de travamento do FAP no valor de 1,0000 para as empresas que apresentarem casos de morte ou invalidez decorrentes de acidente do trabalho, bem como que apresentarem aquilo que se denominou de taxa de rotatividade[27] superior a 75%.

Nestes casos, portanto, em afronta ao disposto no art. 10 da Lei n. 10.666/03, o cálculo do FAP será analisado de forma absoluta, sem confronto da empresa em questão com as demais do mesmo grupo econômico. Assim, registrando-se ocorrências de morte ou invalidez decorrentes de acidente do trabalho, caso o cálculo inicial do FAP fosse inferior a um, o bloqueio neste valor apontaria o exato incremento no valor da contribuição prevista no art. 22, II, da Lei n. 8.212/91, em razão do acidente.

---

(26) Sublinhe-se que o computo, no FAP, de acidente ocorrido pelo descumprimento de normas de higiene e segurança do trabalho, indica claramente que os benefícios daí decorrentes foram previamente custeados. De fato, não haveria sentido em utilizar evento para equilibrar a carga tributária, quando não houve pagamento de contribuições a ele atrelado.

(27) A taxa média de rotatividade do CNPJ consiste na média aritmética resultante das taxas de rotatividade verificadas anualmente na empresa, considerando o período total de dois anos. A taxa de rotatividade anual, por seu turno, é a razão entre o número de admissões ou de rescisões (considerando-se sempre o menor), sobre o número de vínculos na empresa no início de cada ano de apuração, excluídas as admissões que representarem apenas crescimento e as rescisões que representarem diminuição do número de trabalhadores do respectivo CNPJ.

2. EVOLUÇÃO DA LEGISLAÇÃO DE INFORTUNÍSTICA

A responsabilidade por acidentes do trabalho, sem regramento próprio, era regida pela legislação civil da época, lembrando-se que o Código Civil, editado em 1º de janeiro de 1916, entrou em vigor somente um ano depois, em 1º de janeiro de 1917, por conta da *vacatio legis* prevista no art. 1.806.

As obrigações resultantes de acidentes do trabalho somente foram reguladas independentemente, inicialmente, com a Lei n. 3.724, de 15 de janeiro de 1919, que representou o primeiro diploma de caráter especificamente social em trinta anos de regime republicano[28].

A utilização de mão de obra escrava até 13 de maio de 1888 explica por que o caminho trilhado no abandono da teoria aquiliana, baseada na culpa como meio de indenização de acidentes sofridos pelo empregado, foi tortuoso.

O operário é ser humano sujeito a imperfeições, que, muitas das vezes, por força da repetição do trabalho e pela prática recorrente de suas atividades, esquece-se do poder lesivo dos meios de produção, encontrando-se propício ao acidente.

Da mesma forma que a comprovação de culpa do empregado extirpava-lhe o direito à indenização, a proteção fundada na culpa do patrão era iníqua, pois em vários casos não havia responsabilidade nem de um nem de outro na causa do acidente[29].

O modelo aquiliano, arrimado exclusivamente nas instituições de direito civil, que faziam recair sobre o operário a prova da responsabilidade do patrão na ocorrência do infortúnio, mostrou-se ineficaz.

O principal obstáculo, dificilmente superado pelo empregado na busca de reparação pelos danos sofridos, advinha da responsabilidade subjetiva, que, por se apoiar na culpa patronal, impunha ao trabalhador o ônus da prova nesse sentido. Esta barreira fomentou a criação de outra solução: a *responsabilidade contratual*.

Seu desencadeamento deu-se pelo Decreto-Lei n. 3.724/19, que rompeu com a linha adotada pelo Código Civil, inaugurando nova fase do direito infortunístico pela introdução do chamado risco profissional. Passou, então, a vigorar a regra da responsabilidade objetiva do empregador, destinada a prestigiar o ressarcimento dos danos sofridos pelo empregado em razão do contrato de trabalho e do risco inerente à relação que explorava.

O art. 1º conceituava o acidente do trabalho:

Art. 1º Consideram-se acidentes no trabalho, para os fins da presente lei:

a) o produzido por uma causa súbita, violenta, externa e involuntária no exercício do trabalho, determinado lesões corporais ou perturbações funcionais, que consti-

---

(28) ALEXANDRE, Francisco. *Estudos de Legislação Social*. Rio de Janeiro, 1930. p. 113.
(29) OPITZ, Oswaldo e OPITZ, Silvia. *Acidentes do Trabalho*. São Paulo: Saraiva, 1977. p. 11.

tuam a causa única da morte ou perda total, ou parcial, permanente ou temporária, da capacidade para o trabalho;

b) a moléstia contraída exclusivamente pelo exercício do trabalho, quando este for de natureza a só por si causá-la, e desde que determine a morte do operário, ou perda total, ou parcial, permanente ou temporária, da capacidade para o trabalho.

O art. 2º, por seu turno, destinava-se a estabelecer a responsabilidade pelo fato do trabalho, ou contratual, invertendo o ônus da comprovação da culpa, conforme se depreende da sua parte final:

> Art. 2º O acidente, nas condições do artigo anterior, quando ocorrido pelo fato do trabalho ou durante este, obriga o patrão a pagar uma indenização ao operario ou à sua família, excetuados apenas os casos de força maior ou dolo da propria vítima ou de estranhos.

Para se eximir do pagamento da indenização deveria o patrão comprovar ao menos uma das três hipóteses aventadas:

a) força maior como causa do acidente;

b) dolo da própria vítima;

c) dolo de terceiros.

Não obstante assemelhar-se de certo modo à teoria da culpa aquiliana, pois de igual maneira baseava-se, ainda que presumidamente, na culpa do empregador, trazia consigo o engenho da inversão do ônus da prova, eximindo o empregado da comprovação da responsabilidade do patrão pelo acidente, cabendo a este desvencilhar-se da culpa pelo infortúnio.

> "O patrão, para se exonerar da responsabilidade, é que deveria comprovar que não agira culposamente. Em outras palavras, havia uma presunção *juris tantum* de que o empregador era culpado ante a ocorrência acidentária, visto que era sua obrigação zelar pela integridade de seus trabalhadores e mantê-los, durante toda a atividade laboral e até o fim do contrato, em idênticas condições de validez...".[30]

A partir daí, o acidente do trabalho começou a ser visto como risco inerente à profissão, cujas despesas deveriam ser lançadas na conta do empregador, por ser ele quem remunera seus trabalhadores conforme sua conveniência, guardando para si as probabilidades de lucro. Detentor dos meios de produção e da capacidade de explorar o trabalho de outros, nada mais justo que lhe impor o dever de arcar com os riscos do seu empreendimento, direcionando os custos da indenização para suas despesas gerais.

---

(30) NASCIMENTO, Tupinambá Miguel Castro do. *Curso de Direito Infortunístico*. 2. ed. Porto Alegre: Sergio Antonio Fabris Editor, 1983. p. 14.

"Desta forma, através da responsabilidade objetiva, não mais se examinava a culpa de quem quer que fosse."[31] Falar-se em culpa na infortunística do trabalho, à época, passou a ser "heresia".[32]

Outros dois diplomas sucederam o Decreto-Lei n. 3.724/19, todos encampando, até 1967, a teoria do risco profissional: o Decreto-Lei n. 24.637, de 10 de julho de 1934, e o Decreto-Lei n. 7.036, de 10 de novembro de 1944.

O primeiro introduz o conceito de doença profissional, entendida como aquela inerente a certo ramo de atividade, segundo lista organizada pelo Ministério do Trabalho, Indústria e Comércio, revisada trienalmente (art. 1º, §§ 1º e 2º). Cuidou, ainda, de ampliar o conceito de operário nos termos do seu art. 3º, para abranger atividades da indústria, do comércio, da agricultura e da pecuária, e de natureza doméstica.

Uma falta presente no texto era a expressa desoneração do empregador de pagar a vítima, pelo mesmo incidente, outra indenização "de direito comum" (art. 12). Nesta linha, somente terceiros poderiam ser responsabilizados (art. 13).[33]

Previa, ainda, seguro a ser mantido pelo empregador em garantia às indenizações ali contidas ou a realização de depósitos em repartições arrecadadoras federais, nas Caixas Econômicas da União ou no Banco do Brasil, nos seguintes termos:

> Art. 36 Para garantir a execução da presente lei, os empregadores sujeitos ao seu regime, que não mantiverem contrato de seguro contra acidentes, cobrindo todos os riscos relativos às várias atividades, ficam obrigados a fazer um depósito, nas repartições arrecadadoras federais, nas Caixas Econômicas da União, ou no Banco do Brasil, em moeda corrente ou em títulos da dívida pública federal, na proporção de 20:000$000 (vinte contos de réis), para cada grupo de 50 (cincoenta) empregados ou fração, até ao máximo de 200:000$000 (duzentos contos de réis), podendo a importância do depósito, a juízo das autoridades competentes, ser elevada até ao triplo, se se tratar de risco excepcional ou coletivamente perigoso.

Denota-se claramente do dispositivo a técnica de gerenciamento do risco por meio de quotização na proporção de $ 4.000,00 por cada funcionário. A parte final do dispositivo, todavia, contemplava majoração do depósito nos casos de aumento do risco.

O autosseguro sofreu alterações com o advento do Decreto-Lei n. 7.036, de 10 de novembro de 1944, que abandonou a possibilidade de serem efetuados depósitos para garantir o pagamento da indenização. Ao contrário, o art. 94 estabelecia o dever de o empregador segurar todos os seus funcionários contra riscos de acidente do trabalho.

---

(31) NASCIMENTO, Tupinambá... ob. cit., p. 15.

(32) OPITZ, Oswaldo... ob. cit., p. 11.

(33) Em 1963 o STF editou a Súmula n. 229, limitando a exoneração do empregador ao estabelecer que "a indenização acidentária não exclui a do direito comum, em caso de dolo ou culpa grave do empregador".

Quem não realizasse o seguro incorria em pena de multa. Note-se que o diploma anterior expressamente tratava o depósito previsto no art. 36 como garantia, em contraposição ao Decreto-Lei n. 7.036/44, que lhe estabelecia natureza sancionatória, não se preocupando, pois, em fazer correlação direta entre o valor a ser pago e o gerenciamento do risco.[34]

A nova metodologia foi bem-vinda. O empregador era chamado a constituir reservas para adimplir o pagamento de indenizações devidas em decorrência de acidentes do trabalho, sem deixar de garantir o equilíbrio atuarial em razão da obrigatória intermediação de empresa de seguros na administração do risco envolvido.[35] Assim, não obstante a inevitável participação do empregador, ele não mais era responsável diretamente pelo pagamento da indenização.

Na Europa vivenciava-se a guerra e suas mazelas. Em 1942, WILLIAM BEVERIDGE apresentava relatório aconselhando o governo a adotar as medidas nele descritas para lutar contra os denominados cinco gigantes: necessidade, doença, ignorância, imundice e ociosidade. O primeiro deles, descrito no relatório como o mais fácil de ser combatido, deveria ser atacado pela melhoria de um seguro estatal.[36]

O relatório inspirou avanços na proteção social, mormente por pregar proteção aos "acidentes industriais".

---

(34) Art. 104. Incorrerão em multa de duzentos a cinco mil cruzeiros (Cr$ 200,00 a Cr$ 5.000,00), e de mil a dez mil cruzeiros (Cr$ 1.000,00 a Cr$ 10.000,00), nas reincidências, impostas no Distrito Federal, pelo Diretor da revisão de Fiscalização do Departamento Nacional do Trabalho, e, nos Estados e Territórios, pelos delegados regionais do Ministério do Trabalho, Indústria e Comércio, processadas e cobradas na forma da legislação em vigor:

a) os empregadores que não possuírem ou não mantiverem em dia registro exigido pelo artigo 10.

b) os que não segurarem os seus empregados contra os riscos de acidentes;

c) os que não fizerem a afixação do certificado a que alude o parágrafo único do artigo 94;

d) os que não cumprirem as disposições do artigo 46, infringirem do artigo 101, ou as de quaisquer outros estabelecidos nesta lei.

(35) "Em 1944, com o Decreto-lei n. 7.036, aperfeiçoa-se um sistema que dá segurança a um acidentado no sentido de se ter de quem cobrar a indenização. Por quê? Porque a lei determina ao patrão que faça seguro numa companhia seguradora. Não com qualquer companhia seguradora, mas com uma das companhias seguradoras autorizadas a operar no ramo de seguros contra acidentes do trabalho. Essas seguradoras já vinham há muitos anos trabalhando nisso, pois desde 1934 se preparava o sistema. É claro que, se o empregador não tivesse o seguro, responderia diretamente, mas a fiscalização do trabalho era acionada para verificar a existência do contrato de seguros preventivamente. Já não se tratava de auto-seguro" in FERNANDES, Anníbal. *Comentários à Consolidação das Leis da Previdência Social*. São Paulo: Editora Atlas, 1987. p. 186.

(36) The second principle is that organization of social insurance should be treated as one part only of a comprehensive policy of social progress. Social insurance fully developed may provide income security; it is an attack upon Want. But Want is one only of five giants on the road of reconstruction and in some ways the easiest to attack. The others are Disease, Ignorance, Squalor and Idleness (BEVERIDGE, William, Beveridge Report. Disponível em: <http://www.sochealth.co.uk/public-health-and-wellbeing/beveridge-report/>. Acesso em: 28.09.12.

Nessa mesma esteira, com a vigência da Constituição de 1946, a partir de 18 de setembro deste ano, consagrou-se, dentre os direitos dos trabalhadores (art. 157), a obrigatoriedade da instituição do seguro pelo empregador contra os acidentes do trabalho, modelo seguido pelos diplomas subsequentes.

Em 1967 foi dado primeiro passo para transferência da responsabilidade do empregador pela contratação, em favor do empregado, de seguro contra os riscos de acidentes do trabalho, com a possibilidade de o Instituto Nacional de Previdência Social (INPS) operá-lo em regime de concorrência com as sociedades seguradoras (Decreto-Lei n. 293/67). A estatização do seguro sedimentou-se definitivamente com o surgimento da Lei n. 5.316, de 14 de setembro 1967, dando nascimento à nova fase do direito infortunístico pela integração plena do acidente de trabalho com a Previdência Social.

A doutrina apontou duas relevantes circunstâncias para a integração do seguro na esfera da Previdência Social: *a)* necessidade de reparação acidentária na forma de prestações mensais reajustáveis, que o empregador não tinha condições de enfrentar; *b)* necessidade de prestação de reabilitação profissional, também dificilmente assegurada pelo empregador, fazendo com que aumentasse o número de inválidos do país.[37]

Assim, a Lei n. 5.316/67 promoveu significativa melhora no campo de proteção social possibilitando a concessão de benefícios de prestação mensal a cargo do Estado em substituição à indenização paga em uma única parcela pelo empregador.

As seguradoras, ademais, não foram capazes de suportar os reajustamentos periódicos dos valores das indenizações, mostrando-se salutar a transferência destes encargos para a Previdência Social, mormente pelo fato de que a causa infortunística não passa de causa previdenciária específica[38]. Houve, pois, a partir desse momento, aproximação à teoria do risco social, por meio da qual contingências são previstas ensejando o pagamento de benefício quando concretizadas.

No seguro social as contingências entabuladas darão causa ao recebimento do benefício quando verificadas. Em contraposição, pela teoria do risco profissional, conforme asseverado anteriormente, o dever de reparar o segurado é da empresa. O risco, pois, advém da relação de trabalho.

O diploma em comento dispunha, então, sobre a concessão de auxílio-doença, aposentadoria por invalidez e pensão por morte para os casos de acidentes do trabalho, com valores melhores do que aqueles previstos na Lei Orgânica da Previdência Social, de 1960; todos a serem custeados pelo empregador, em atenção ao contido no art. 158, XVII, da CF/67, citado anteriormente.

---

(37) NASCIMENTO, Tupinambá Miguel Castro do, ob. cit., p. 16.

(38) NASCIMENTO, Tupinambá Miguel Castro do. *Comentários à lei de acidentes do trabalho*. Rio de Janeiro: AIDE, 1984. p. 13.

Destarte, conviviam, à época, duas disposições legais deliberando acerca da concessão de benefícios por incapacidade: uma genérica, para qualquer tipo de afastamento, prevista na LOPS; outra específica para acidentes de trabalho.

Não obstante as duas terem natureza previdenciária, a doutrina aponta as diferenças entre as duas:

> "Primeiro, na lei acidentária, a reparação é mais ampla. Assim as reduções de capacidade que, após a consolidação das lesões, não impedem a volta ao trabalho, dão direito a benefícios de prestação continuada específicos: auxílio-suplementar e auxílio-acidente. (...) Segundo, os benefícios acidentários são em maior valor pecuniário, normalmente representando uma manutenção salarial, enquanto nos simplesmente previdenciários o valor é inferior, porque percentuais de uma média de salário-de-contribuição, denominada de salário-de-benefício".[39]

Esse formato persistiu com a Lei n. 6.367/76[40], que manteve a tendência de aproximação com a teoria do risco social, não obstante a relação dos acidentes com o trabalho e a previsão de custeio específico a cargo do empregador.

As conceituações de acidente do trabalho eram semelhantes nos dois diplomas. Ambos estabeleciam, ainda, acidentes como se do trabalho fossem por meio de ficções jurídicas como, v.g., o ocorrido no percurso da residência para o local da prestação do serviço, ou deste para aquela.

Dispunha o art. 2º sobre a definição do acidente:

Art. 2º Acidente do trabalho é aquele que ocorrer pelo exercício do trabalho a serviço da empresa, provocando lesão corporal ou perturbação funcional que cause a morte, ou perda, ou redução, permanente ou temporária, da capacidade para o trabalho.

§ 1º Equiparam-se ao acidente do trabalho, para os fins desta Lei:

I – a doença profissional ou do trabalho, assim entendida a inerente ou peculiar a determinado ramo de atividade e constante de relação organizada pelo Ministério da Previdência e Assistência Social – MPAS;

II – o acidente que, ligado ao trabalho, embora não tenha sido a causa única, haja contribuído diretamente para a morte, ou a perda, ou redução da capacidade para o trabalho;

A Constituição Federal de 1988 manteve o mesmo regramento observado nas legislações anteriores, que trataram sobre infortunística a partir de 1967, ga-

---

(39) NASCIMENTO, Tupinambá, ob. cit., p. 18/19.

(40) Os trabalhadores rurais eram regidos pela Lei n. 6.195/74, possuindo proteção inferior em relação aos trabalhadores urbanos até o advento da Constituição Federal de 1988, que conferiu o mesmo tratamento às duas categorias nos termos do artigo 194, parágrafo único, II.

rantindo seguro por acidentes do trabalho por conta do empregador como direito fundamental dos trabalhadores, sem deixar de prever proteção da contingência *incapacidade* pelo manto da seguridade social, nos termos do art. 201.

Dispõe, então, o art. 7º, XXVIII:

> Art. 7º São direitos dos trabalhadores urbanos e rurais, além de outros que visem à melhoria de sua condição social:
>
> ...
>
> XXVIII – seguro contra acidentes de trabalho, a cargo do empregador, sem excluir a indenização a que este está obrigado, quando incorrer em dolo ou culpa;

Em tese, o artigo em debate encampa a teoria do risco profissional, impondo ao empregador o ônus de manter seguro contra acidentes do trabalho, sem eximi-lo do dever de indenizar pessoalmente a vítima quando comprovados dolo ou culpa na sua conduta, em que figurará inexoravelmente como causador do acidente.

Todavia, o art. 201, em sua redação original, previa cobertura dos eventos "doença, invalidez ou morte", com ingerência do Estado, "incluídos os resultantes de acidente de trabalho".

Tecnicamente, a teoria do risco profissional, afeta à indenização prevista no art. 7º, XXVIII, convive com a teoria do risco social, traçada no título VIII do texto constitucional. Em que pese haver previsão de seguro a cargo do trabalhador, desde o final da década de 60, percebe-se a aproximação deste nível de proteção com a teoria do risco social.

Na realidade, o acidente do trabalho é condicionado ao vínculo laboral. A contingência protegida, todavia, é a mesma prevista no art. 201: incapacidade para o trabalho.

Não se pode perder de vista que o constituinte reconhece haver questão social a ser dirimida com base no primado do trabalho na busca do bem-estar e da justiça sociais (art. 183 da CF). A persecução destes ideais explicita aquilo que se espera da seguridade social, com a adoção da teoria do risco no sistema de proteção.

O trabalho, fenômeno que distingue os homens dos outros seres, representa, pois, verdadeira chave interpretativa, ou, conforme asseverado por WAGNER BALERA, o fio condutor da Ordem Social[41].

A seguridade social, em especial a Previdência Social, ampara aquele que, por incorrer em algumas das situações de risco previstas no art. 201, mostra-se incapaz de promover seu próprio sustento.

---

(41) Em *O Direito do Trabalho e a Questão Social*, op. cit.

Assim, o art. 193 delimita o campo de atuação da seguridade social, que:

"quando proporcionar equivalente quantidade de saúde, de previdência e de assistência a todos quantos necessitem de proteção, poder-se-á dizer, nesse momento histórico, que houve a concretização do bem-estar e justiça sociais".[42]

Conforme cediço, a Previdência Social, cujas diretrizes encontram-se previstas nos arts. 201 e seguintes da CF, espelhou-se no modelo do seguro, com esteio, ainda que tímido, na mutualidade: o risco será diluído por tantos quanto forem aqueles que integrem o grupo protegido.

Todavia, quando alguém se vê desprovido de meios para subsistir com dignidade, põe em ameaça toda a sociedade, formada que é pelo conjunto de indivíduos.

"Desse modo, o interesse individual que cai sob a esfera de cuidados do seguro social é aquele que, por sua repercussão, se transforma em 'interesse social' e cujo tratamento, portanto, reveste a forma de um 'dever social'."[43]

Justificada, pois, a ingerência estatal e a obrigatoriedade na participação do seguro social, características que o distanciam do seguro privado.

A incapacidade decorrente do acidente do trabalho, fruto do sistema de produção industrial, inspirou a implantação da teoria do seguro social, que teve seu início na Alemanha, com Bismarck, no século XIX.

Nesta seara, aquele que se incapacitou em decorrência do vínculo laboral encontra a mesma proteção que o segurado cujo infortúnio deu-se fora desta relação. A diferença entre as duas situações é que na primeira a origem do risco é o trabalho, enquanto na segunda ela decorre da convivência em sociedade.

O homem é um animal social, dizia ARISTÓTELES.[44] Viver em sociedade proporciona riscos, e nada mais justo que a coletividade se reúna para solidariamente amparar quem se encontra necessitado.

O labor, todavia, deu origem à questão social, em decorrência da dicotomia entre aqueles que detêm os meios de produção e dos que somente possuem a força de trabalho. Daí a responsabilidade do empregador em amparar, por conta própria,

---

(42) BALERA, Wagner, ob. cit., p. 35.
(43) ASSIS, Armando de Oliveira. *Em busca de uma concepção moderna de "risco social"*. Compêndio de Seguro Social. São Paulo: Fundação Getúlio Vargas, 1963. p. 70.
(44) "... é evidente que a cidade faz parte das coisas da natureza e que o homem é naturalmente um animal político destinado a viver em sociedade (...)".
"Compreende-se claramente a razão pela qual o homem é um animal sociável em grau mais elevado que as abelhas e que todos os animais que vivem em grupos" (*A Política*. Trad. Nestor Silveira Chaves. São Paulo: Ícone, 2007. p. 16).

quem se acidenta sob seu comando. Ainda que os níveis de proteção sejam os mesmos para acidentes de qualquer natureza, sempre haverá o ônus daquele que explora a mão de obra.

O custo social elevado deste risco (incapacidade decorrente de acidente) lhe garantiu destaque na redação original do art. 201 da Constituição Federal, que, conforme debatido, expressamente previa que os riscos doença, invalidez e morte teriam proteção *inclusive* nos casos de acidentes do trabalho.

Ainda que esta menção tenha sido retirada do art. 201 conforme redação que lhe foi dada pela Emenda Constitucional n. 20, de 15 de dezembro de 1998, o sistema continuou prevendo a teoria do risco social como vetor do sistema. Tal fato se corrobora pela modificação da Lei n. 8.213/91 pela Lei n. 9.032, de abril de 1995, que eliminou distinções até então existentes entre os benefícios previdenciários e os concedidos em decorrência de acidente de trabalho.

A atual Lei que regula o plano de benefícios da Previdência Social elenca, em seu art. 18, o rol de prestações a ser conferido aos beneficiários, sem estabelecer nenhuma diferenciação entre os benefícios por incapacidade com origem no vínculo laboral e os decorrentes de acidentes de qualquer natureza.

Todavia, o texto original da Lei n. 8.213/91 previa, no cálculo destes benefícios (aposentadoria por invalidez, auxílio-doença, pensão), e na esteira da tradição infortunística, prestações de maior monta quando fossem decorrentes de acidente do trabalho.[45]

Conforme aduzido, a Lei n. 9.032/95 homogeneizou a proteção elidindo a diferença dos valores pagos, de sorte que aqueles advindos de acidente de qualquer

---

(45) Art. 44. A aposentadoria por invalidez, observado o disposto na Seção III deste capítulo, especialmente no art. 33, consistirá numa renda mensal correspondente a:

a) 80% (oitenta por cento) do salário de benefício, mais 1% (um por cento) deste, por grupo de 12 (doze) contribuições, não podendo ultrapassar 100% (cem por cento) do salário de benefício; ou

b) 100% (cem por cento) do salário de benefício ou do salário de contribuição vigente no dia do acidente, o que for mais vantajoso, caso o benefício seja decorrente de acidente do trabalho.

Art. 61. O auxílio-doença, observado o disposto na Seção III deste capítulo, especialmente no art. 33, consistirá numa renda mensal correspondente a:

a) 80% (oitenta por cento) do salário-de-benefício, mais 1% (um por cento) deste, por grupo de 12 (doze) contribuições, não podendo ultrapassar 92% (noventa e dois por cento) do salário de benefício; ou

b) 92% (noventa e dois por cento) do salário de benefício ou do salário de contribuição vigente no dia do acidente, o que for mais vantajoso, caso o benefício seja decorrente de acidente do trabalho.

Art. 75. O valor mensal da pensão por morte será:

a) constituído de uma parcela, relativa à família, de 80% (oitenta por cento) do valor da aposentadoria que o segurado recebia ou a que teria direito, se estivesse aposentado na data do seu falecimento, mais tantas parcelas de 10% (dez por cento) do valor da mesma aposentadoria quantos forem os seus dependentes, até o máximo de 2 (duas).

b) 100% (cem por cento) do salário de benefício ou do salário de contribuição vigente no dia do acidente, o que for mais vantajoso, caso o falecimento seja consequência de acidente do trabalho.

natureza tiveram o valor incrementado e passaram a ser pagos na mesma ordem de grandeza dos primeiros.

Na mesma esteira, a concessão do auxílio-acidente, que era benefício indenizatório "concedido ao segurado (...), após a consolidação das *lesões decorrentes do acidente do trabalho*" (art. 86 – grifa-se), passou, com o advento da Lei n. 9.032/95, a ser estendida para acidentes de qualquer natureza.

Denota-se que o legislador ampliou quantitativa e qualitativamente as prestações devidas, garantindo a expansão do sistema, em atenção ao art. 3º, I, II e III,[46] bem como do art. 194, parágrafo único, I, da Constituição Federal, que prevê a universalidade da cobertura e do atendimento da seguridade social.

Os reflexos dos acidentes do trabalho no vínculo laboral, caracterizados pela estabilidade anual, prevista no art. 118 da Lei n. 8.213/91, e pela obrigatoriedade de depósito do Fundo de Garantia do Tempo de Serviço (FGTS), são bem-vindos e explicam-se pela relação responsável por montar o cenário que lhes serve como pano de fundo: a trabalhista.

Na mesma esteira, a contribuição do art. 22, II, c.c. art. 10 da Lei n. 10.666/03, denominada impropriamente de alíquota SAT, encarrega-se de onerar o empregador na justa medida do risco que a relação por ele explorada proporciona, ressaltando a aplicação da teoria do risco profissional.

Destarte, os benefícios oriundos de acidente de trabalho relacionam-se com a teoria do risco profissional pela observação de dois aspectos: *a)* imposição de ônus ao empregador, que passa a ser responsável por contribuição com destinação específica, proporcional ao risco que ofereça; *b)* reflexos na relação trabalhista, adrede citados.

Convergem na teoria do risco, entretanto, por serem custeados por meio de contribuições sociais[47] e gerenciados por um ente estatal, responsável, ademais,

---

(46) Art. 3º Constituem objetivos fundamentais da República Federativa do Brasil:

I – construir uma sociedade livre, justa e solidária;

II – garantir o desenvolvimento nacional;

III – erradicar a pobreza e a marginalização e reduzir as desigualdades sociais e regionais;

(47) As contribuições sociais, estabelecidas em lei e com natureza tributária, dificultam a exata correlação entre risco e seu preço. De fato, devem obedecer às limitações constitucionais, em especial ao princípio da estrita legalidade, e não são suficientemente mutáveis para acompanhar com perfeição as variações do custo que suportam. Daí, então, a explicação da necessidade do financiamento indireto da seguridade social.

O prêmio do contrato de seguro do direito privado, onde prevalece a autonomia da vontade das partes, é mais facilmente amoldado ao risco, correspondendo mais propriamente ao custeio dos benefícios acidentários, caso adotada a teoria do risco profissional em sua forma mais pura. O histórico legislativo, todavia, demonstrou as dificuldades de aplicação desse mecanismo.

De toda sorte, o custeio dos benefícios por intermédio de contribuições sociais converge para teoria do risco social, ademais, pela distribuição de renda que proporcionam, assumindo função modificadora da realidade.

pelo pagamento dos demais benefícios. O cerne, entretanto, conforme asseverado, advém da modificação trazida pela EC/20, que excluiu do art. 201 referência à origem do acidente, acobertando, simplesmente, a *incapacidade*, quer decorrente de doença, quer de invalidez. O efeito do risco, tônica da Previdência Social, conforme previsto no art. 201, I é, pois, o mesmo: impossibilidade de trabalhar em razão de acidente, tenha ele origem no trabalho, ou não.

Interessante notar que o legislador infraconstitucional adiantou-se, proporcionando, conforme aduzido, a mesma proteção para todas as espécies de benefícios, por meio da Lei n. 9.032/95, ao adotar como referência a incapacidade e não a sua causa.

O art. 201, § 10, da Carta Magna, por seu turno, prevê que "a lei disciplinará a cobertura do risco de acidente do trabalho, a ser atendida concorrentemente pelo regime geral de Previdência Social e pelo setor privado". Da combinação deste dispositivo com o conteúdo do art. 7º, XXVIII, denota-se ser obrigatória a participação do setor privado na administração de seguro a cargo do empregador.

O constituinte estranhamente caminha em sentido inverso ao percorrido pelo legislador infraconstitucional. Segue, ainda, direção diametralmente oposta à evolução legislativa que culminou por desincumbir os seguros privados do pagamento das indenizações. Nesse sentido, lembremo-nos do Decreto-lei n. 293/67, que adotou regime de concorrência entre seguradoras privadas e INPS, passando o atendimento a ser exclusivamente deste Instituto quando da edição do diploma seguinte (Lei n. 5.316/67).

A miscelânea da legislação atual dificulta a identificação de qual teoria teria sido adotada: se do risco profissional, se do risco social ou, o que parece mais provável, um misto sem critérios das duas. Não obstante, o efeito decorrente dos acidentes de trabalho ou de qualquer natureza, ressalta-se, será sempre o mesmo: a incapacidade.

Para melhor compreensão, deve ter-se em mente a distinção entre risco e sua concretização. As contribuições sociais relacionam-se com o primeiro. A proteção social proporcionada, mais comumente pelo pagamento de prestação pecuniária, refere-se à segunda.

Note-se que, no plano normativo,[48] ambas as situações apresentam-se direta ou indiretamente. Quando se fala em *cobertura*, refere-se ao dano e ao dever de repará-lo; quando se elege o evento a ser coberto, refere-se, indiretamente, ao risco (doença, invalidez, morte, idade avançada). A norma, como proposição deôntica

---

(48) Art. 201. A Previdência Social será organizada sob a forma de regime geral, de caráter contributivo e de filiação obrigatória, observados critérios que preservem o equilíbrio financeiro e atuarial, e atenderá, nos termos da lei, a:

I – cobertura dos eventos de doença, invalidez, morte e idade avançada;

...

que é, aponta no antecedente a concretização do risco e qual o comportamento a ser adotado em consequência: (ficar doente) → (ser acobertado). Assim, a identificação do risco é indireta, pois decorre da previsão do que foi concretizado. Ficar doente pressupõe a possibilidade de ficar doente. Por outras palavras, elege-se o evento, pois se anteviu o risco.

Para a sociedade, o malefício causado pela incapacidade advinda de acidente do trabalho ou de outro de qualquer natureza é o mesmo; o que também pode ser dito em relação ao segurado. Tanto um quanto outro são afetados pela impossibilidade de promoção do próprio sustento, colocando o trabalhador à míngua, sem condições de consumo e promoção das necessidades vitais básicas.

Note-se, pois, ser de interesse coletivo o amparo da incapacidade advinda de acidente do trabalho. Ademais, as relações laborais são, em última análise, produto da sociedade e lhe servem em relação simbiótica.

Não se nega que este ambiente (laboral) é responsável pela criação de infortúnios que sem ele não existiriam. Sob este prisma, a participação do empregador passa a ser relevante para atribuição do preço do risco, justificando-se, assim, a existência de contribuição própria, a cargo dele, para custeio das despesas relacionadas.

Em suma, o risco é *profissional*, pois advém da relação de trabalho, impondo a participação do empregador na cobertura, bem como reflexos na relação trabalhista (estabilidade e obrigatoriedade do depósito do FGTS). Não deixa, contudo, de ser social, pois decorrente, ainda que de forma meditada, das relações sociais (vínculo laboral), e principalmente por afetar não somente o empregado, mas toda a sociedade.

O reconhecimento de que os efeitos da concretização do risco qualificado pela relação do trabalho corroem a sociedade de maneira idêntica aos decorrentes de acidente de outra natureza inibe a linha imposta pela Ação Regressiva.

De fato, o componente "social" detectado no risco profissional conflita com a suposta indenização a que se refere o art. 120 da Lei n. 8.213/91. *Suposta*, pois o INSS não age em interesse próprio, mas sim da coletividade[49]. Sendo relevante a toda comunidade que exista cobertura da incapacidade decorrente de acidente do trabalho, não haveria por que se falar em reparação pelo pagamento dos correlatos benefícios. Não há indenização por pagamento feito em interesse do próprio sujeito a ser "indenizado".

O desenvolvimento mais profundo deste raciocínio não é possível sem a constatação do papel das figuras envolvidas nas relações do direito previdenciário, a ser feito oportunamente. Neste momento, serão traçadas as diferenças entre prêmio e contribuição social, por meio de comparações com as relações observadas no seguro do direito privado.

---

(49) A finalidade da Previdência Social é eliminar a situação de risco que ameaça o indivíduo e a sociedade. O pagamento dos benefícios e o custeio baseado na quotização promovem, ainda, distribuição de riquezas. O INSS é mero instrumento nessa conjuntura.

3. BENEFÍCIOS POR INCAPACIDADE DE NATUREZA ACIDENTÁRIA

A Ação Regressiva, conforme cediço, presta-se à recuperação dos valores gastos com benefícios previdenciários pagos em decorrência de acidente do trabalho, quando o empregador negligenciar quanto às normas de segurança do trabalho.

O art. 18 dá vazão ao comando constitucional contido no art. 201, I a V, da CF, que prevê as contingências cobertas pela Previdência Social, dentre as quais se destacam os eventos doença, invalidez e morte.

Nesse sentido, e de maior relevância para o presente trabalho, são previstos os seguintes benefícios relacionados aos riscos citados:

> Art. 18. O Regime Geral de Previdência Social compreende as seguintes prestações, devidas inclusive em razão de eventos decorrentes de acidente do trabalho, expressas em benefícios e serviços:
>
> I – quanto ao segurado:
>
> a) aposentadoria por invalidez;
>
> ...
>
> e) auxílio-doença;
>
> ...
>
> h) auxílio-acidente;
>
> II – quanto ao dependente
>
> a) pensão por morte;
>
> ...

Fazem parte do objeto da obrigação previdenciária os benefícios caracterizados genericamente por "prestações pecuniárias, devidas pelo Regime Geral de Previdência Social aos segurados, destinadas a prover-lhes a subsistência, nas eventualidades que os impossibilite de, por seu esforço, auferir recursos para isto, ou a reforçar-lhes os ganhos para enfrentar os encargos de família, ou em caso de morte ou prisão, os que dele dependiam economicamente".[50]

Será relevante para o âmbito da Ação Regressiva a concessão de qualquer destes benefícios ou serviços ligados a tais contingências, desde que tenham por causa um acidente do trabalho ocasionado pela culpa do empregador, qualificada pela negligência quanto às normas de segurança do trabalho.[51]

---

(50) TAVARES, Marcelo Leonardo. *Direito Previdenciário*. 4. ed. Rio de Janeiro: Lúmen Júris, 2002. p. 87.

(51) Nos temos do artigo 3º da Portaria Conjunta n. 6, de 18 de janeiro de 2013, "Consideram-se despesas previdenciárias ressarcíveis as relativas ao pagamento, pelo INSS, de pensão por morte e de benefícios por incapacidade, bem como aquelas decorrentes do custeio do programa de reabilitação profissional".

3.1. Causa de Pedir. Acidentes Relevantes para a Ação Regressiva

A causa de pedir de certa ação consiste nos fundamentos de fato e de direito que lhe servem de supedâneo. São, pois, as circunstâncias que autorizam o autor a postular seu pedido frente ao Poder Judiciário, e que explicitam a ameaça ou violação do seu direito.

Subdivide-se em próxima ou remota, relacionando-se a primeira aos fatos e a segunda ao direito[52]. O fato que constitui o direito de o INSS postular em juízo a devolução do que gastou com certo benefício é a concessão desta prestação (ou de serviço), desde que originária de acidente do trabalho associado à desatenção da empresa quanto às normas de segurança e higiene do trabalho.

Assim, em que pese o histórico da legislação de infortunística adrede realizado, faz-se mister traçar em breves linhas o conceito de acidente do trabalho constante na legislação atual, bem como quais os benefícios correspondentes.

A definição do acidente de trabalho típico encontra previsão no art. 19 da Lei n. 8.213/91, que dispõe:

> Art. 19. Acidente do trabalho é o que ocorre pelo exercício do trabalho a serviço da empresa ou pelo exercício do trabalho dos segurados referidos no inciso VII do art. 11 desta Lei, provocando lesão corporal ou perturbação funcional que cause a morte ou a perda ou redução, permanente ou temporária, da capacidade para o trabalho.

Nas palavras de ANNIBAL FERNANDES, "o acidente de trabalho – acidente--tipo – é um evento relacionado, diretamente ou não, ao trabalho executado pelo obreiro. Já não se trata de um infortúnio no trabalho, mas do trabalho. O que envolve o trabalho, nos limites da legislação e interpretada a regra pela finalidade social, caracteriza o acidente para efeito de reparação".[53]

Os benefícios por incapacidade podem decorrer ou não de acidente do trabalho, mas têm em comum a impossibilidade de o segurado exercer atividade que lhe garanta o sustento com dignidade. Serão, repise-se, causa de pedir da Ação

---

(52) Adota-se, aqui, a divisão sugerida por NELSON NERY JUNIOR:
9. Fundamentos de fato. Compõe a causa de pedir próxima. É o inadimplemento, a ameaça ou a violação do direito (fatos) que caracteriza o interesse processual imediato, quer dizer, aquele que autoriza o autor a deduzir pedido em juízo. Daí por que a causa de pedir próxima, imediata, é a violação do direito que se pretende proteger em juízo, isto é, os fundamentos de fato do pedido (...).
10. Fundamentos jurídicos. Compõem a *causa de pedir remota*. É o que, mediatamente, autoriza o pedido. O direito, o título, não podem ser a causa de pedir próxima, porque, enquanto não ameaçados ou violados, não ensejam ao seu titular a necessidade do ingresso em juízo, ou seja, não caracterizam per se o interesse processual primário e imediato, aquele que motiva o pedido (e ANDRADE, Rosa Maria de. Ob. cit., p. 575 – negritos no original).

(53) FERNANDES, Annibal. *Curso de Direito Previdenciário*. Org. Wagner Balera, São Paulo: LTr, 1992. p. 87.

Regressiva, contudo, somente os primeiros, e desde que presentes o nexo entre eles e a negligência de normas de segurança e higiene do trabalho.

Há, ainda, de relevância para o tema, benefícios tidos como acidentários por presunção ou ficção jurídica, mecanismos que serão a seguir abordados, com a finalidade de constatar se poderão figurar como causa de pedir da Ação Regressiva.

O *Nexo Técnico Epidemiológico Previdenciário* (NTEP) foi criado pela Medida Provisória 316, de 11 de agosto de 2006, convertida na Lei n. 11.430, de 26 de dezembro de 2006, que acrescentou o art. 21-A à Lei n. 8.213/91, com a seguinte redação:

> Art. 21-A. A perícia médica do INSS considerará caracterizada a natureza acidentária da incapacidade quando constatar ocorrência de nexo técnico epidemiológico entre o trabalho e o agravo, decorrente da relação entre a atividade da empresa e a entidade mórbida motivadora da incapacidade elencada na Classificação Internacional de Doenças – CID, em conformidade com o que dispuser o regulamento.
>
> § 1º A perícia médica do INSS deixará de aplicar o disposto neste artigo quando demonstrada a inexistência do nexo de que trata o *caput* deste artigo.
>
> § 2º A empresa poderá requerer a não aplicação do nexo técnico epidemiológico, de cuja decisão caberá recurso com efeito suspensivo, da empresa ou do segurado, ao Conselho de Recursos da Previdência Social.

Em suma, o NTEP surgiu no contexto da relação jurídica que tem por escopo benefícios previdenciários, facilitando o exercício do direito do obreiro, a quem não mais incumbe a comprovação da existência de liame entre doença e atividade desenvolvida pela presunção *juris tantum* do nexo causal.

Conforme dispõe o art. 19 da Lei n. 8.213/91, o acidente do trabalho é aquele que ocorre pelo exercício do trabalho a serviço da empresa, provocando lesão (acidente típico).

Todavia, não somente os *acidentes típicos* são tidos como acidente do trabalho, sendo que, nos termos do que dispõe o art. 20 do mesmo diploma, terão, também, esta natureza a:

> I – doença profissional, assim entendida a produzida ou desencadeada pelo exercício do trabalho peculiar a determinada atividade e constante da respectiva relação elaborada pelo Ministério do Trabalho e da Previdência Social;
>
> II – doença do trabalho, assim entendida a adquirida ou desencadeada em função de condições especiais em que o trabalho é realizado e com ele se relacione diretamente, constante da relação mencionada no inciso I.

O dispositivo faz alusão, portanto, à *doença profissional*, ou idiopatia, entendida como aquela própria de determinado tipo de atividade; e à *doença do trabalho*, ou mesopatia, que configura uma moléstia comum, mas provocada por condições específicas em que o trabalho é realizado.[54]

O acidente do trabalho, seja o típico (art. 19), sejam as doenças profissionais ou do trabalho (art. 20), consiste em todo evento imprevisto que acarrete lesão ao trabalhador em razão do exercício da sua atividade laboral, possuindo, pois, três requisitos para que se configure:

a) exercício de atividade laboral;

b) a lesão (dano);

c) o nexo causal entre a lesão e a atividade.

O NTEP atua como presunção legal estabelecendo nexo entre a doença e a atividade desenvolvida pela empresa. Admite prova em contrário, podendo ser contestado pelo empregador nos termos do § 2º do art. 21-A da Lei n. 8.213/91, de sorte que sua proposição é de natureza relativa.

As presunções podem decorrer de circunstâncias da vida, então chamadas de *presunções hominis*, ou da lei, conforme se verifica no presente caso. A sua natureza *juris tantum* tem por efeito reverter o ônus da prova[55]. Assim, caberá não ao beneficiário a comprovação do nexo causal entre a lesão e sua atividade laboral, mas, nos casos sujeitos à aplicação do NTEP, ao empregador contestar o liame.

A utilização do NTEP é louvável do ponto de vista da proteção social conferida ao trabalhador.

Todavia, a presunção, conquanto calcada em dados recorrentemente verificados, não corresponde à realidade, mas a juízo ou opinião que se forma sobre começo de prova[56]: o intérprete conjectura sobre relações que acredita serem notáveis e as estabelece como enunciados. Poderá, obviamente, coincidir com o fato ocorrido no plano fenomênico, mas com ele não se confunde.

O NTEP, segundo juízo de valor do administrador, relaciona certas doenças a determinadas atividades, presumindo-se o nexo de causalidade entre uma e outra. A proposição normativa, contudo, não se confunde com a realidade, podendo, de fato, haver vinculação entre a enfermidade e a atividade desempenhada pelo empregador, ou não.

No vínculo de proteção previdenciária mostra-se irrelevante a culpa ou o dolo do empregador para a caracterização do acidente do trabalho. A relação jurí-

---

(54) ROCHA, Daniel Machado da e BALTAZAR JUNIOR, José Paulo. *Comentários à Lei de Benefícios da Previdência Social*. Porto Alegre: Editora Livraria do Advogado, 2000. p. 91.

(55) RODIGUES, Silvio. *Direito Civil. Parte Geral*, vol. I, 3. ed. São Paulo: Max Limonad, 1967. p. 313.

(56) Segundo CALDAS AULETE presunção é "juízo, opinião que se forma sobre indícios ou começos de provas; suspeita, conjectura. (Jur.) O que se supõe verdadeiro até à prova em contrário; suspeita, conjectura tirada de indícios: julgar por presunção". In *Dicionário Contemporâneo da Língua Portuguesa*, IV volume. Rio de Janeiro: Editora Delta S.A., 1958. p. 4067.

dica estará formada sempre que os três requisitos anteriormente apontados forem concorrentemente verificados.

O NTEP não interfere na atuação do empregador, de sorte que, independentemente da sua aplicação, mostra-se irrelevante, do ponto de vista da relação de benefício, se houve ou não conduta culposa ou dolosa de sua parte. Pouco importa se a doença poderia ter sido evitada pelo fornecimento de equipamentos de proteção que não foram disponibilizados.

Os benefícios concedidos por meio da aplicação do NTEP, portanto, podem ser tidos como causa de pedir da Ação Regressiva. Para tanto, deverão ser comprovadas não apenas a conduta culposa ou dolosa do causador do dano, como também o nexo que fora presumido para a concessão do benefício.

Diversamente, os benefícios considerados como acidente do trabalho por ficção jurídica não são adequados para consistir causa de pedir para a Ação Regressiva, pois não se verifica neles a ingerência da empresa.

O legislador, no que toca a relação jurídica de benefícios em que o segurado figura como titular de direitos, criou *ficções jurídicas*, a partir das quais eventos que sabidamente não ocorreram em razão das atividades do obreiro serão considerados como se acidente do trabalho fossem.

Assim, por meio do art. 21 da Lei n. 8.213/91, estabelece-se mecanismo apto a produzir efeitos na seara jurídica de benefícios da Previdência Social, que admite, sem maiores entraves, a extensão de conceitos com a finalidade de dar vazão ao arcabouço de proteção social, em atenção à busca do bem-estar e da justiça sociais (art. 193) e da universalidade da cobertura e do atendimento (art. 194, parágrafo único, I).

Nesta esteira previu o legislador, nos termos do art. 21 da Lei n. 8.213/91:

Art. 21. Equiparam-se também ao acidente do trabalho, para efeitos desta Lei:

...

II – o acidente sofrido pelo segurado no local e no horário do trabalho, em consequência de:

a) ato de agressão, sabotagem ou terrorismo praticado por terceiro ou companheiro de trabalho;

b) ofensa física intencional, inclusive de terceiro, por motivo de disputa relacionada ao trabalho;

c) ato de imprudência, de negligência ou de imperícia de terceiro ou de companheiro de trabalho;

d) ato de pessoa privada do uso da razão;

e) desabamento, inundação, incêndio e outros casos fortuitos ou decorrentes de força maior;

...

IV – o acidente sofrido pelo segurado ainda que fora do local e horário de trabalho:

a) na execução de ordem ou na realização de serviço sob a autoridade da empresa;

b) na prestação espontânea de qualquer serviço à empresa para lhe evitar prejuízo ou proporcionar proveito;

c) em viagem a serviço da empresa, inclusive para estudo quando financiada por esta dentro de seus planos para melhor capacitação da mão de obra, independentemente do meio de locomoção utilizado, inclusive veículo de propriedade do segurado;

d) no percurso da residência para o local de trabalho ou deste para aquela, qualquer que seja o meio de locomoção, inclusive veículo de propriedade do segurado.

§ 1º Nos períodos destinados a refeição ou descanso, ou por ocasião da satisfação de outras necessidades fisiológicas, no local do trabalho ou durante este, o empregado é considerado no exercício do trabalho.

Destaca-se do artigo transcrito a disposição contida no inciso IV, d, que equipara a acidente do trabalho aquele sofrido pelo segurado ainda que fora do local e horário de suas atividades, no percurso de sua residência para o local do labor ou deste para aquela, qualquer que seja o meio de locomoção.

Em consonância com o conceito da ficção jurídica, o legislador aceita como verdadeiro o que sabe ser imaginário.

"É, pois, um artifício técnico criado pelo legislador para transformar uma impossibilidade material numa possibilidade jurídica. Deforma a realidade, considerando verdadeiro o que sabidamente é falso (v.g., o horário de verão). Vai daí que a ficção só pode ser empregada com base em lei específica, e, ainda assim, enquanto não ferir direitos subjetivos constitucionais. Jamais pode ser criada para atentar contra a liberdade, o patrimônio e a honra das pessoas, valores que nossa Carta Magna prestigiou ao extremo."[57]

Não se ignore que os acidentes descritos no art. 21 estão de forma mediata relacionados ao trabalho. Em última análise, o trabalhador é vítima de infortúnio pelo fato de exercer suas atividades. Entretanto o empregador não possui ingerência sobre estes eventos, não podendo controlá-los. Assim, ainda que do ponto de vista social seja elogiável a extensão do conceito de acidente do trabalho para abarcar estas situações, encontram-se elas excluídas do universo que envolve a Ação Regressiva.

3.2. Auxílio-doença

O auxílio-doença encontra esteio no art. 59 e seguintes da Lei n. 8.213/91, sendo devido ao segurado que ficar incapacitado para o seu trabalho ou para a sua atividade habitual por mais de quinze dias consecutivos.

---

(57) CARRAZA, Roque Antonio, ob. cit., p. 415.

Para o segurado empregado a prestação inicia-se somente a partir do décimo quinto dia de afastamento, ficando a empresa obrigada ao pagamento do seu salário durante este período (art. 60, *caput* e § 2º).

O benefício corresponde, tanto para os acidentes ou doenças de qualquer natureza quanto para os casos de acidente do trabalho, em renda mensal equivalente a 91% do salário de benefício, calculado na forma do art. 29 da Lei n. 8.213/91.

Ressalta-se, pois, o caráter temporário da prestação, que será devida enquanto perdurar a incapacidade, devendo o segurado submeter-se a exames periódicos para sua avaliação (art. 100).

O risco é a doença ou lesão que acarrete incapacidade temporária por mais de 15 dias. Somente quando esta situação for ligada a ação ou omissão culposa ou dolosa do empregador servirá de causa para a Ação Regressiva.

Por fim, seguindo a sistemática do seguro, o legislador exclui da incidência da norma previdenciária as causas denominadas de preexistentes. Assim, "não será devido auxílio-doença ao segurado que se filiar ao Regime Geral de Previdência Social já portador da doença ou da lesão invocada como causa para o benefício, salvo quando a incapacidade sobrevier por motivo de progressão ou agravamento dessa doença ou lesão" (art. 59, parágrafo único).

3.3. Aposentadoria por Invalidez

A aposentadoria por invalidez encontra-se regulamentada nos arts. 42 e seguintes da Lei n. 8.213/91 e será concedida ao segurado que, estando ou não em gozo de auxílio-doença, seja considerado incapaz e insusceptível de reabilitação para o exercício de atividade que lhe garanta a subsistência, e ser-lhe-á paga enquanto permanecer nesta condição.

A comprovação da invalidez será feita por médico perito e as despesas daí advindas ficarão a cargo da Previdência Social, sendo facultado ao segurado, às suas expensas, fazer-se acompanhar de médico de sua confiança.

O benefício não é definitivo, em que pese o *fato jurídico* que lhe dá nascimento sugerir-lhe esta condição: a incapacidade permanente para o trabalho. Entretanto a medicina não é ciência exata e encontra-se em constante evolução. É possível, pois, que certa doença tida como incapacitante no presente perca esta condição no futuro.

Sabendo disso, o legislador obriga o beneficiário a submeter-se a exames periódicos para avaliar se a incapacidade persiste (art. 100) e, verificada a recuperação, o benefício será suspenso na forma progressiva prevista no art. 47, conforme cada caso.[58]

---

(58) Art. 47. Verificada a recuperação da capacidade de trabalho do aposentado por invalidez, será observado o seguinte procedimento:

O benefício será devido para o segurado empregado a partir do décimo sexto dia de incapacidade, ou a partir da entrada do requerimento, se entre o afastamento e a entrada do requerimento decorrer mais de trinta dias; devendo o empregador arcar com o valor do salário durante os primeiros quinze dias de afastamento (art. 43, § 1º, a, e § 2º).

3.4. Auxílio-acidente

O auxílio-acidente, na dicção do art. 86 da Lei n. 8.213/91, "será concedido, como indenização, ao segurado quando, após consolidação das lesões decorrentes de acidente de qualquer natureza, resultarem sequelas que impliquem redução da capacidade para o trabalho que habitualmente exerça".

Ainda que de constitucionalidade duvidosa, mormente pelo fato de que o benefício poderá decorrer de acidentes de qualquer natureza, dispõe o art. 18, § 1º, da Lei n. 8.213/91, que somente farão jus à prestação os segurados empregados, avulsos e especial.

Ao contrário do auxílio-doença e da aposentadoria por invalidez, este benefício pressupõe a condição de trabalho do segurado, que, caso se veja impossibilitado de empregar sua força laborativa, deverá ser acobertado por um dos outros dois benefícios citados. Sua natureza é, pois, eminentemente indenizatória, presumindo-se diminuição da renda em razão da incapacidade parcial decorrente do acidente.

Desta forma, por não substituir a renda do empregado, poderá ser concedido em valor inferior a um salário mínimo, sem se cogitar em afronta ao disposto no art. 201, § 2º, da CF.[59]

I – quando a recuperação ocorrer dentro de 5 (cinco) anos, contados da data do início da aposentadoria por invalidez ou do auxílio-doença que a antecedeu sem interrupção, o benefício cessará:

a) de imediato, para o segurado empregado que tiver direito a retornar à função que desempenhava na empresa quando se aposentou, na forma da legislação trabalhista, valendo como documento, para tal fim, o certificado de capacidade fornecido pela Previdência Social; ou

b) após tantos meses quantos forem os anos de duração do auxílio-doença ou da aposentadoria por invalidez, para os demais segurados;

II – quando a recuperação for parcial, ou ocorrer após o período do inciso I, ou ainda quando o segurado for declarado apto para o exercício de trabalho diverso do qual habitualmente exerça, a aposentadoria será mantida, sem prejuízo da volta à atividade:

a) no seu valor integral, durante 6 (seis) meses contados da data em que for verificada a recuperação da capacidade;

b) com redução de 50% (cinquenta por cento), no período seguinte de 6 (seis) meses;

c) com redução de 75% (setenta e cinco por cento), também por igual período de 6 (seis) meses, ao término do qual cessará definitivamente.

(59) Art. 201. A Previdência Social será organizada sob a forma de regime geral, de caráter contributivo e de filiação obrigatória, observados critérios que preservem o equilíbrio financeiro e atuarial, e atenderá, nos termos da lei, a:

...

Será devido a partir do dia da cessão do auxílio-doença, vedando a lei, atualmente, sua cumulação com qualquer espécie de aposentadoria (por tempo de contribuição, especial, por idade ou por invalidez).

O próprio legislador excetua a necessidade de concessão prévia de auxílio-doença para as hipóteses de perda da audição. Limita, entretanto, a concessão do auxílio-acidente decorrente desta enfermidade aos casos em que a causalidade com o trabalho for comprovada.

Atualmente, conforme anteriormente ressaltado, não é feita distinção entre a causa da redução da capacidade laborativa, podendo ser ela relacionada ou não ao trabalho. Entretanto, somente na primeira hipótese, por óbvio, o benefício será de relevância para a Ação Regressiva.

Por fim, o auxílio-acidente, pago mensalmente, corresponderá a cinquenta por cento do salário de benefício e será devido, observado o disposto no § 5º do art. 86, até a véspera do início de qualquer aposentadoria ou até a data do óbito do segurado.

3.5. Pensão por Morte

A pensão por morte é benefício pago aos dependentes do segurado, previstos no art. 16 da Lei n. 8.213/91:

> Art. 16. São beneficiários do Regime Geral de Previdência Social, na condição de dependentes do segurado:
>
> I – o cônjuge, a companheira, o companheiro e o filho não emancipado, de qualquer condição, menor de 21 (vinte e um) anos ou inválido ou que tenha deficiência intelectual ou mental que o torne absoluta ou relativamente incapaz, assim declarado judicialmente;
>
> II – os pais;
>
> III – o irmão não emancipado, de qualquer condição, menor de 21 (vinte e um) anos ou inválido ou que tenha deficiência intelectual ou mental que o torne absoluta ou relativamente incapaz, assim declarado judicialmente;

Nos termos do art. 74 da Lei n. 8.213/91, a pensão por morte será devida ao conjunto destes dependentes em razão do falecimento do segurado, aposentado ou não, a contar da data:

> I – do óbito, quando requerida até trinta dias depois deste;
>
> II – do requerimento, quando requerida após o prazo previsto no inciso anterior;
>
> III – da decisão judicial, no caso de morte presumida.

---

§ 2º Nenhum benefício que substitua o salário de contribuição ou o rendimento do trabalho do segurado terá valor mensal inferior ao salário mínimo.

O benefício terá seu valor calculado na fração de cem por cento do valor da aposentadoria que o segurado recebia ou daquela a que teria direito se aposentado por invalidez fosse, na data de seu falecimento, observados os limites do salário mínimo e do teto dos benefícios pagos pela Previdência Social (art. 33).

Pressupondo-se a existência de dependentes, trata-se de benefício certo quanto ao seu pagamento, mas incerto quanto a momento em que ocorrerá, pouco importando que sua causa seja natural ou decorrente de acidente. Todavia, somente será relevante para a seara da Ação Regressiva quando a morte for decorrente de acidente do trabalho.

4. AÇÃO REGRESSIVA

O direito a ser exercido pela Previdência Social em relação aos custos dos benefícios concedidos em decorrência de acidentes do trabalho dá-se por meio da chamada Ação Regressiva. O ambiente que cerca esta relação, portanto, é o do processo.

Inexoravelmente relacionadas ao tema estão as noções de jurisdição e ação. O direito de regresso a ser exercido pela Previdência Social depende de avaliação do Estado, por ser ele quem detém exclusividade em ditar o direito, como forma de pacificação social; e esta atuação será feita por meio de ação judicial.

Esta é a ordem explicitamente contida no art. 120 da Lei n. 8.212/91, que, pela utilização do futuro do indicativo do verbo "propor", impõe comando a ser seguido. Trata-se, pois, de determinação. De algo que deverá acontecer no futuro, dada certa condição. Assim, temos que "a Previdência Social *proporá* ação regressiva contra os responsáveis", sempre que verificadas as exigências.

Cabe-nos, pois, ainda que sem a pretensão de esgotar o tema, traçar as linhas gerais dos conceitos de jurisdição, bem como de ação.

4.1. Jurisdição

O Código de Processo Civil não encerra a definição de jurisdição, mas trata de duas características que lhe são marcantes: o monopólio do Poder Estatal e a necessidade de provocação dos interessados.

Etimologicamente jurisdição relaciona-se com "dizer o direito". É função do Estado, portanto, quando provocado, apontar com quem se encontra a razão, colocando fim ao litígio. Trata-se, pois, de instrumento de pacificação social, conforme dito anteriormente.

Nesse sentido:

> O Estado, cujo fim fundamental é a preservação da ordem na sociedade, regulamenta para tal objeto a convivência dos coassociados estabelecendo

o direito objetivo, isto é, as normas às quais os particulares devem, em suas relações sociais, ajustar sua conduta.[60]

Viver em sociedade, demanda, pois, controle de condutas preestabelecidas em conformidade com vontade superior.

Há, inicialmente, que se esclarecer a possibilidade de distinção entre tipos de jurisdição. O CPC menciona, no seu art. 1º, a existência da "jurisdição civil", a ser por este diploma regulamentada. A separação é didática e compreende, ainda, as jurisdições penal e administrativa.

Pela jurisdição penal entende-se a tutela de interesses objetivos protegidos mediante sanção de caráter penal. Nesta hipótese, poderá haver coincidência de interesses. A vítima de furto, por exemplo, tem direito a ser ressarcida, relação adstrita ao direito civil. Todavia, no âmbito penal, o que se busca não é posição jurídica subjetiva do ofendido, mas sim o interesse geral à observância e à conservação de um determinado ordenamento. Por isso ela independe da vontade do proprietário cujo bem foi desprovido[61].

A jurisdição administrativa, por seu turno, versa sobre os interesses do cidadão frente à administração pública.

Sublinhe-se, todavia, conforme adrede afirmado, que esta separação é meramente didática, pois na realidade a jurisdição é una e indivisível, sendo que sua qualificação em *civil* compreende as questões relativas a direito civil, comercial, da infância e da juventude, previdenciário, do consumidor, bem como direito constitucional, tributário e administrativo.[62]

Nos termos do CPC, a jurisdição será exercida pelo Poder Judiciário, caracterizando-se, pois, ao contrário da atividade legislativa, pela aplicação de normas gerais a casos concretos levados à sua apreciação. Estando o particular impossibilitado de fazer justiça pelas próprias mãos, deverá recorrer ao Poder Público para satisfação do seu direito. O juiz, então, substitui o particular na atividade de examinar e decidir qual o direito em um determinado caso.[63]

A via por qual percorre a jurisdição é a ação.

4.2. Da Ação

Conforme asseverado, a jurisdição depende de provocação do interessado, tendo, pois, a inércia como uma de suas características. "Essa provocação do exercício da função jurisdicional, esse pedido de tutela jurisdicional do Estado, condição

---

(60) CALAMANDREI, Piero. *Direito Processual, vol. I. Estudos sobre o Processo Civil*. Campinas: Bookseller, 1999. p. 96.

(61) SATTA, Salvatore. *Direito Processual Civil*, volume I. Campinas: LZN Editora, 2003. p. 46.

(62) NERY, Nelson Junior, ob. cit., p. 346/347.

(63) BARBI, Celso Agrícola. *Comentários ao Código de Processo Civil, vol I, tomo I (arts. 1º a 55)*. Rio de Janeiro: Forense, 1975. p. 27.

primeira para que tal função se exerça e se instaure o processo, é a ação. Assim, a ação é o direito de invocar o exercício da função jurisdicional."[64]

O presente trabalho não se presta a dissecar as diversas teorias criadas para definir a natureza da ação, desde sua concepção do direito romano, quando era vista como "o próprio direito subjetivo material a reagir contra a ameaça ou violação", prendendo-se indissoluvelmente ao direito que por ela se tutela.[65]

Atualmente, segundo posição adotada pela concepção dualista, "o direito existe independentemente da atividade do intérprete, seja o juiz, seja o particular, porque encontra, já, uma norma concreta consumada. A atividade judicial, portanto, apenas reconhece o direito já concretizado, e, ainda que a decisão se baseie em fatores sociológicos ou teleológicos, não houve mais que o reconhecimento de que o direito preceituava concretamente daquela maneira".[66]

A Constituição prevê o direito de ação como garantia fundamental, disposta no art. 5º, XXXV:

a lei não excluirá da apreciação do Poder Judiciário lesão ou ameaça a direito.

A destinação do comando, conforme se denota do seu conteúdo, é o legislador ordinário, que não poderá criar obstáculos ao exercício do direito de ação.

Isto, contudo, não quer dizer que esse direito é ilimitado. De fato, certas condições deverão ser preenchidas para que se possa socorrer do judiciário, de sorte que o direito constitucional de ação caminha *pari passu* com o direito processual de ação.

Nesse sentido, o art. 267, VI, do CPC, prevê:

Art. 267. Extingue-se o processo, sem resolução de mérito:

...

VI – quando não concorrer qualquer das condições da ação, como a possibilidade jurídica, a legitimidade das partes e o interesse processual;

...

O art. 3º do CPC, por seu turno, estabelece então que, "para propor ou contestar ação é necessário ter *interesse* e *legitimidade*". "O interesse processual se consubstancia na *necessidade* de o autor vir a juízo e na *utilidade* que o provimento jurisdicional poderá lhe proporcionar."[67]

---

(64) SANTOS. Moacyr Amaral. *Primeiras linhas de Direito Processual Civil*: adaptadas ao novo código de processo civil, 1º Volume, 12. ed. São Paulo: Saraiva, 1985. p. 149.

(65) SANTOS, Moacyr Amaral, ob. cit., p. 150.

(66) GRECO FILHO, Vicente. *Direito Processual Civil Brasileiro*, 1º Volume, 13. ed. São Paulo: Saraiva, 1998. p. 31.

(67) NERY JUNIOR, Nelson. Ob. cit., p. 350.

A legitimidade, por seu turno, abrange tanto a *legitimatio ad processum* quanto a *legitimatio ad causam* ou material. A primeira vincula-se à capacidade dos sujeitos para estarem em juízo (art. 7º CPC) e diz respeito não ao direito de ação, mas à validade do processo. Possuem capacidade para estar em juízo todos os que tenham personalidade, sejam pessoas físicas ou jurídicas.

A legitimidade material, por seu turno, consiste no fato de quem pode estar autorizado a fazê-lo sobre o objeto da demanda, o que normalmente ocorre com o titular ou sujeito da relação jurídica objeto do processo que sofreu a lesão de direito (ordinária).

Destaca-se que o art. 120 traça como legitimada para propositura da Ação Regressiva *a Previdência Social*. Frise-se, desde já, que "a Previdência Social é, antes de tudo, uma técnica de proteção"[68] e não um sujeito com capacidade para figurar no polo ativo da demanda.

Conforme será mais bem detalhado oportunamente, a pertinência temática para que o INSS figure no polo ativo da Ação Regressiva reside no fato de que, em que pese não possuir mais prerrogativa de figurar como sujeito ativo da relação tributária, continua responsável por gerir recursos destinados ao pagamento de benefícios previdenciários nos termos do art. 68, §§ 1º e 2º, da LC 101/00[69], bem como pelo que dispõe o art. 2º, § 1º, da Lei n. 11.457, de 16 de março de 2007.[70]

---

[68] BALERA, Wagner, ob. cit., p. 49.

[69] Art. 68. Na forma do art. 250 da Constituição, é criado o Fundo do Regime Geral de Previdência Social, vinculado ao Ministério da Previdência e Assistência Social, com a finalidade de prover recursos para o pagamento dos benefícios do regime geral da Previdência Social.

§ 1º O Fundo será constituído de:

I – bens móveis e imóveis, valores e rendas do Instituto Nacional do Seguro Social não utilizados na operacionalização deste;

II – bens e direitos que, a qualquer título, lhe sejam adjudicados ou que lhe vierem a ser vinculados por força de lei;

III – receita das contribuições sociais para a seguridade social, previstas na alínea *a* do inciso I e no inciso II do art. 195 da Constituição;

IV – produto da liquidação de bens e ativos de pessoa física ou jurídica em débito com a Previdência Social;

V – resultado da aplicação financeira de seus ativos;

VI – recursos provenientes do orçamento da União.

§ 2º O Fundo será gerido pelo Instituto Nacional do Seguro Social, na forma da lei.

[70] Art. 2º Além das competências atribuídas pela legislação vigente à Secretaria da Receita Federal, cabe a ela planejar, executar, acompanhar e avaliar as atividades relativas à tributação, fiscalização, arrecadação, cobrança e recolhimento das contribuições sociais previstas nas alíneas *a*, *b* e *c* do parágrafo único do art. 11 da Lei n. 8.212, de 24 de julho de 1991, e das contribuições instituídas a título de substituição.

§ 1º O produto da arrecadação das contribuições especificadas no *caput* deste artigo e acréscimos legais incidentes serão destinados, em caráter exclusivo, ao pagamento de benefícios do Regime Geralde Previdência Social e creditados diretamente ao Fundo do Regime Geral de Previdência Social, de que trata o art. 68 da Lei Complementar n. 101, de 4 mai. 2000.

O INSS, destarte, não apenas aprecia os pedidos de concessão de benefícios previdenciários, mas igualmente responsabiliza-se pelos seus pagamentos, administrando os recursos angariados pela União por meio da Receita Federal do Brasil. Tal fato justifica que integre o polo ativo da demanda apta a determinar o reembolso das quantias destinadas para benefícios cuja origem seja o descumprimento de normas de segurança do trabalho pela empresa.

Constitui, por fim, a terceira condição da ação a *possibilidade jurídica do pedido*.

O pedido é juridicamente possível quando o ordenamento não o proíbe expressamente. Deve entender-se o termo "pedido" não em seu sentido estrito de mérito, pretensão, mas conjugado com a causa de pedir. Assim, embora o pedido de cobrança estritamente considerado seja admissível pela lei brasileira, não o será se tiver como *causa petendi* dívida de jogo (art. 1.477 do CC).[71]

Para a Ação Regressiva o pedido relaciona-se aos valores gastos para suportar os benefícios adrede citados. Cumpre ser indagado, portanto, qual a natureza do valor pleiteado, observado o custeio dos benefícios por meio de contribuições sociais. Antes, contudo, devem ser feitas breves anotações quanto às pretensões de natureza declaratória, constitutiva e condenatória.

4.2.1. Ação declaratória

A ação declaratória visa à declaração da existência ou inexistência de certa relação jurídica, de sorte que o provimento jurisdicional exaure-se na decisão que atesta ou não esta relação[72] e por este motivo não tem força executiva.[73]

No processo civil, a previsão geral do pedido meramente declaratório encontra-se situada no art. 4º do CPC, que dispõe:

> Art. 4º O interesse do autor pode limitar-se à declaração:
> I – da existência ou da inexistência de relação jurídica;
> II – da autenticidade ou falsidade de documento.
> Parágrafo único. É admissível a ação declaratória, ainda que tenha ocorrido a violação do direito.

As sentenças que declaram certa relação jurídica poderão ser positivas quando atestarem a existência do liame, ou negativas quando o rejeitarem. Serão sentenças declaratórias negativas, ainda, todas aquelas que julgarem improcedente a ação.[74]

---

(71) NERY JUNIOR. Nelson. Ob. cit., p. 711.
(72) CINTRA, Antonio Carlos de Araujo, GRINOVER, Ada Pellegrini, DINAMARCO, Cândido Rangel. *Teoria Geral do Processo*, 3. ed. São Paulo: Revista dos Tribunais, 1981. p. 271.
(73) NERY JUNIOR. Nelson. Ob. cit., p. 182.
(74) CINTRA, Antonio Carlos de Araujo, ob. cit., p. 272.

4.2.2. Ação condenatória

A ação condenatória presta-se a produzir uma sentença de condenação do réu. Por meio dela, acolhida a pretensão deduzida, a decisão afirma a existência do direito e sua violação, aplicando a sanção correspondente à norma reguladora.[75]

Conforme se denota, neste grupo se encaixa a Ação Regressiva, por meio da qual o juiz declara a existência de culpa do empregador na ocorrência do acidente que originou determinado benefício acidentário, condenando-o ao pagamento das quantias despendidas pelo INSS com a concessão das prestações de natureza previdenciária.

Possui, conforme se denota, certo viés declaratório, pois para condenar, deve-se antes atestar a violação do direito, que no caso da Ação Regressiva é o pagamento de benefício ou serviço previdenciários decorrentes de acidente causado pelo descumprimento de normas de segurança do trabalho. Reconhecida esta situação, virá a condenação ao ressarcimento a cargo da empresa.

Assim, a sentença de procedência da Ação Regressiva dará ensejo à tutela jurisdicional executiva, característica exclusiva dos provimentos condenatórios.

4.2.3. Ação constitutiva

O provimento constitutivo apresenta uma condição peculiar em relação às demais sentenças de conhecimento, que se configura na modificação de uma situação jurídica anterior. Para tanto, faz-se mister, como se verifica no provimento de natureza condenatória, que o juiz declare que ocorrem as condições legais que autorizem a alteração da relação jurídica.[76]

4.3. Natureza Jurídica

A Ação Regressiva, conforme indica sua intitulação, é uma *ação* que se presta a indenizar a Previdência Social dos valores gastos em razão de benefícios acidentários. Pressupõe, portanto, que o montante despendido pelas concessões dos benefícios anteriormente explicitados não devam, em última instância, ser suportados pela Previdência Social.

Encontra fundamento no art. 120 da Lei n. 8.213/91, que dispõe:

> Art. 120. Nos casos de negligência quanto às normas padrão de segurança e higiene do trabalho indicados para a proteção individual e coletiva, a Previdência Social proporá ação regressiva contra os responsáveis.

---

(75) CINTRA, Antonio Carlos de Araujo, ob. cit., p. 272.
(76) CINTRA, Antonio Carlos de Araujo, ob. cit., p. 273.

O dispositivo não remete, conforme se vê, a dano a ser ressarcido, limitando-se a estabelecer os sujeitos da relação processual e a qualificação da conduta do agente pela culpa, que poderá ser tanto comissiva quanto omissiva: *negligência* quanto às normas-padrão de segurança e higiene do trabalho.

Não será qualquer conduta culposa, portanto, que dará ensejo à ação, mas aquela caracterizada pela negligência das normas de higiene e segurança do trabalho. O artigo estabelece, pois, requisito próprio para o ajuizamento da demanda, cabendo ao autor indicar especificamente quais as normas que entendeu terem sido violadas no caso concreto, bem como estabelecer o liame entre este descumprimento e o pagamento do benefício.

Não basta, então, que tenha havido desrespeito a normas de segurança do trabalho e que o acidente do trabalho ocorra. Imperiosamente, deverá o INSS comprovar o nexo entre estes dois elementos para o sucesso da ação.[77]

O vocábulo *negligenciar* empregado no dispositivo pressupõe o descumprimento das normas de segurança, ou, por outras palavras, não agir em conformidade com as obrigações de segurança do trabalho legalmente impostas.

Por *normas*, entenda-se o seu sentido lato, de sorte que a não observação de resoluções ou normas regulamentadoras dão início à relação prevista no art. 120. Nesse sentido, ademais, prevê o art. 154 da Consolidação das Leis do Trabalho (CLT):

> Art. 154 A observância, em todos os locais de trabalho, do disposto neste Capítulo, não desobriga as empresas do cumprimento de outras disposições que, com relação à matéria, sejam incluídas em códigos de obras ou regulamentos sanitários dos Estados ou Municípios em que se situem os respectivos estabelecimentos, bem como daquelas oriundas de convenções coletivas de trabalho.

Seria conveniente a existência de um organismo central para cuidar da matéria, tal qual indicação do art. 15.2 da Convenção n. 155 da OIT.[78]

---

(77) Nesse sentido dispõe o art. 19 da Portaria Conjunta n. 6, de 18 de janeiro de 2013:

Art. 19. A petição inicial deverá detalhar minuciosamente o ato ilícito, a culpabilidade, o nexo causal, e o dano, este caracterizado pelas despesas previdenciárias ocorridas e por ocorrer.

§ 1º Deverão ser enfatizadas as conclusões técnicas acerca do ato ilícito, com detalhamento das normas de saúde e segurança do trabalho, normas do código de trânsito, dispositivos do Código Penal, dentre outras, evitando-se meras remissões a documentos anexos.

§ 2º Não havendo a exata dimensão das despesas a serem realizadas com eventual processo de reabilitação profissional, far-se-á uso da possibilidade de elaboração de pedido genérico nos termos do inciso II do art. 286 do CPC.

(78) **Art. 4º**

1. Todo Membro deverá, mediante consulta com as organizações mais representativas de empregadores e de trabalhadores interessadas e tendo em conta as condições e prática nacionais, formular, pôr em prática e reexaminar periodicamente uma política nacional coerente em matéria de segurança e saúde dos trabalhadores e meio ambiente de trabalho.

De toda sorte, pacificou-se o entendimento de que o Ministério do Trabalho pode inovar no mundo jurídico criando normas de prevenção de acidentes do trabalho ou doenças ocupacionais, por delegação específica de diversos artigos da CLT (*vide* art. 200), de sorte a oferecer respostas em tempo adequado para questões que exijam imediato posicionamento do Executivo.[79] Ademais, quando a Constituição não estabelece o princípio da legalidade estrita, os regulamentos gozam de maior autonomia, tal como se verifica da dicção do art. 7º, XXII, que prevê a "*redução dos riscos inerentes ao trabalho por meio de normas de saúde, higiene e segurança*".[80]

A conduta culposa exigida pelo legislador será omissiva sempre que a norma de segurança prever obrigação de *fazer* algo por parte do agente. Será, ao contrário, comissiva quando o comando legal estabelecer obrigação de *não fazer*.

Não obstante a falta de menção expressa, o dano experimentado pela Previdência Social decorreria do pagamento de benefícios ou pela prestação de serviços, nascidos da ação ou omissão culposa da empresa. Falar em direito de regresso, portanto, pressupõe prejuízo assumido por ato de outrem, pela antecipação dos gastos que deverão ser reembolsados.

Nesse sentido:

> Consoante o próprio sentido do vocábulo *regressivo* (que regressa, retroativo), entende-se *direito regressivo* toda ação que cabe à pessoa, prejudicada

---

2. Esta política terá por objetivo prevenir os acidentes e os danos para a saúde que sejam consequência do trabalho, guardem relação com a atividade de trabalho ou sobrevenham durante o trabalho, reduzindo ao mínimo, na medida em que seja razoável e factível, as causas dos riscos inerentes ao meio ambiente de trabalho.

Art. 15

1. A fim de assegurar a coerência da política a que se refere o art. 4º do presente Convênio e das medidas tomadas para aplicá-la, todo Membro deverá tomar, mediante consulta tão logo seja possível às organizações mais representativas de empregadores e de trabalhadores e, quando for apropriado, com outros organismos, disposições conforme as condições e a prática nacionais a fim de conseguir a necessária coordenação entre as diversas autoridades e os diversos organismos encarregados de tornar efetivas as partes II e III do presente Convênio.

2. Quando as circunstâncias o exigirem e as condições e a prática nacionais o permitam, tais disposições deveriam incluir o estabelecimento de um organismo central.

(79) Em situações análogas o STF expediu as seguintes súmulas:

Súmula n. 194:

É competente o ministro do trabalho para a especificação das atividades insalubres.

Súmula n. 460:

Para efeito do adicional de insalubridade, a perícia judicial, em reclamação trabalhista, não dispensa o enquadramento da atividade entre as insalubres, que é ato da competência do ministro do trabalho e Previdência Social.

(80) OLIVEIRA, Sebastião Geraldo de. *Estruturas Normativa da Segurança e Saúde do Trabalhador*. Revista do Tribunal Regional do Trabalho da 3ª Região, Belo Horizonte, v. 45, n. 75, jan./jun. 2007. p. 118/119.

por ato de outrem, em ir contra ela para haver o que é de seu direito, isto é, a importância relativa ao dispêndio ou desembolso que teve, com a prestação de algum fato, ou ao prejuízo, que o mesmo lhe ocasionou.

Pelo *direito regressivo* ou *direito de regresso*, vai a pessoa *buscar* das mãos de outrem aquilo que se desfalcou ou foi desfalcado o seu patrimônio, para reintegrá-lo na posição anterior, com a satisfação do pagamento ou da indenização devida.

O *endossatário*, na letra de câmbio, tem o *direito regressivo*, contra qualquer dos co-obrigados que o antecederam na obrigação, ou seja, contra os endossantes anteriores, contra o sacado e contra o aceitante.

Nas transferências de imóveis ou de direitos, a *evicção* mostra o direito regressivo do adquirente em ir buscar das mãos do alienante o valor da coisa ou da parte de que se desfalcou por ação de terceiro.[81]

A determinação do art. 120, portanto, indica que a Previdência Social suportou despesas que não deveria. Difere-se, de certo modo, do direito de regresso da administração em relação ao funcionário faltoso, previsto no art. 37, § 6º da CF, que dispõe:

§ 6º – As pessoas jurídicas de direito público e as de direito privado prestadoras de serviços públicos responderão pelos danos que seus agentes, nessa qualidade, causarem a terceiros, assegurado o direito de regresso contra o responsável nos casos de dolo ou culpa.

Este dispositivo prevê a teoria do risco administrativo, cabendo ao Estado indenizar o particular independentemente de comprovação da sua culpa, pois a administração, ao executar suas atividades, assume o risco de causar dano a terceiros[82].

Assim, "todos participam, como se fora um seguro universal, da composição do dano, indenizando-o pela mera ocorrência; basta à vítima provar o fato".[83]

Duas relações desenrolam-se nesta situação: a) responsabilidade civil objetiva da administração em relação ao particular; b) responsabilidade civil subjetiva do funcionário em relação à administração.

Note-se que neste exemplo, caracterizada culpa na conduta do funcionário que resultou no dano, teria ele o dever de indenizar a vítima, de sorte que o paga-

---

(81) SILVA, de Plácido e. *Vocabulário Jurídico*, vol. II, 3. edição. São Paulo: Forense, 1943. p. 544.

(82) No mesmo sentido dispõe o Código Civil: Art. 43. As pessoas jurídicas de direito público interno são civilmente responsáveis por atos dos seus agentes que nessa qualidade causem danos a terceiros, ressalvado direito regressivo contra os causadores do dano, se houver, por parte destes, culpa ou dolo.

(83) MOREIRA NETO, Diogo de Figueiredo. *Curso de Direito Administrativo*. 2. ed. Rio de Janeiro: Companhia Editora Forense, 1974. p. 475.

mento realizado pelo Estado efetivamente substitui o devido por seu agente, tendo como fonte a responsabilidade civil. Daí o fundamento para a ação de regresso prevista no § 6º do art. 37 da CF.

O acidente ocasionado pelo empregador, diferentemente, faz com que nasça obrigação de natureza previdenciária entre o INSS e o beneficiário. A vinculação desta relação à Ação Regressiva demanda, portanto, que ela acarrete prejuízo aos cofres da previdência.

Neste cenário, não se pode perder de vista que o pagamento do benefício decorre da posição ocupada pelo INSS dentro desta relação obrigacional, adrede explicitada. O fato jurídico desta obrigação é a incapacidade decorrente do acidente, que dará surgimento ao liame no qual o INSS figura como devedor.

Nesta seara, o mecanismo previsto no art. 120 desassocia-se das hipóteses previstas nos art. 43[84] e 934[85] do CC, pois em ambos o fundamento direto para o ressarcimento é a responsabilidade civil e o pagamento da indenização que lhe é afeta. De fato, nestas situações a vítima sofreu dano decorrente de ato ilícito e o pagamento da indenização foi feito inicialmente por quem não era o responsável direto pela execução do ato.

Em que pese não haver pagamento de indenização por parte do INSS ao segurado, a Ação Regressiva infere que a obrigação por ele assumida deu-se em razão de negligência do empregador e, portanto, o art. 120 confere natureza reparatória e civil aos valores pleiteados[86]. Escora-se, pois, na responsabilidade civil subjetiva, em razão da necessidade de comprovação da culpa por parte da empresa.

Sua feição indenizatória decorre da correlação estabelecida entre a conduta culposa do empregador com as obrigações assumidas pelo INSS, em que pese o

---

(84) Art. 43. As pessoas jurídicas de direito público interno são civilmente responsáveis por atos dos seus agentes que nessa qualidade causem danos a terceiros, ressalvado direito regressivo contra os causadores do dano, se houver, por parte destes, culpa ou dolo.

(85) Art. 934. Aquele que ressarcir o dano causado por outrem pode reaver o que houver pago daquele por quem pagou, salvo se o causador do dano for descendente seu, absoluta ou relativamente incapaz.

(86) De forma semelhante, o STJ asseverou que "A ação regressiva ajuizada pelo INSS contra a empresa buscando o ressarcimento de valores despendidos com o pagamento de benefício acidentário, como na hipótese, veicula lide de natureza civil, que melhor se amolda ao disposto no art. 9º, § 2º, III, do Regimento Interno do Superior Tribunal de Justiça" (Agravo Regimental no REsp n. 931438, 6ª Turma do STJ, Rel. Paulo Gallotti, DJE 04.05.09, v.u.).

Dispõe o art. 9º, § 2º, III, do RISTJ, que:

Art. 9º A competência das Seções e das respectivas Turmas é fixada em função da natureza da relação jurídica litigiosa.

...

§ 2º À Segunda Seção cabe processar e julgar os feitos relativos a:

...

III – responsabilidade civil, salvo quando se tratar de responsabilidade civil do Estado;

custeio da previdência expressamente abarcar estas situações. Verifica-se, pois, neste ponto, uma das dissonâncias do mecanismo, que se presta a ressarcir encargos previstos e suportados pelo custeio dos benefícios.

Seu intuito indenizatório mostra-se mais evidente quando se constata que a ação será ajuizada *depois* da concessão do benefício. Assim, um acidente sem o correspondente benefício ou prestação de serviços não desencadeia a relação jurídico-processual prevista no art. 120, o que exclui o propósito meramente punitivo da ação.

A falha do dispositivo, como se vê, é presumir que há um dano equivalente à importância a ser paga pelos benefícios decorrentes de acidentes do trabalho. É da natureza do direito de regresso reverter a ordem das coisas, para que sigam encadeamento esperado. O art. 120 indica, portanto, que a responsabilidade direta pelo pagamento dos benefícios acidentários deveria ficar a cargo do empregador, quando forem negligenciadas normas de segurança do trabalho, ignorando-se, todavia, que ele antecipadamente suportou este ônus por meio da quotização.

Ainda que a viabilidade da ação não esteja definida nos tribunais pátrios, o STJ já se pronunciou pela necessidade de ajuizamento da ação, pois:

> Esta responsabilidade funda-se na premissa de que os danos gerados culposamente pelo empregador ao INSS decorrentes de acidentes do trabalho não podem e não devem ser suportados por toda a sociedade na medida em que, no risco repartido entre os membros da sociedade (risco social), não se admite a inclusão de uma atitude ilícita da empresa que não cumpre as normas do ambiente do trabalho.[87]

O equívoco contido nesta afirmativa reside no fato de que, conforme asseverado nos pontos *Financiamento da Seguridade Social* (item 1 do Capítulo III) e *Evolução da Legislação de Infortunística* (item 2 do Capítulo III), há impossibilidade de pagamento de benefício sem prévia fonte de custeio. Assim, o entendimento de que os acidentes decorrentes de culpa por parte do empregador não devem ser suportados pelo seguro social não merece prosperar. A uma, pois não há na Constituição ou na legislação pertinente restrição quanto à origem da incapacidade como vetor para não incorporação da contingência no sistema de proteção[88]; a duas, porque é vedado o pagamento de benefício sem seu correspondente custeio, indicando que se há pagamento houve cobertura.

Há, portanto, duas políticas distintas: uma de prevenção de acidentes, a ser tratada oportunamente; outra de promoção social por meio da Previdência Social.

---

(87) Recurso Especial n. 506.881, 5ª Turma do STJ, Relator Ministro José Arnaldo da Fonseca, v.u., DJ 14.10.03.
(88) *Vide* tópico referente à evolução da legislação de infortunística.

Para esta, a causa da incapacidade é irrelevante e será suportada por toda sociedade, independentemente das punições aplicáveis aos responsáveis.

Neste ponto, destarte, cumpre traçarmos corte metodológico a fim de estabelecer dois planos distintos para o debate da matéria. Inicialmente, reportando-se aos comentários até aqui apresentados, vislumbramos que os valores angariados pela ação representam verdadeiro *bis in idem*. Basta atentarmo-nos, repise-se, para o fato de que a Constituição Federal veda a concessão de benefício para o qual não tenha havido prévio custeio (art. 195, § 5º, da CF).

Neste sentido, o art. 120 esbarra nas balizas fixadas pela Carta Magna. Enquanto este diploma traça preceitos que aproximam a Previdência Social dos mecanismos de gerenciamento do risco[89], o art. 120 pressupõe outra realidade: a de que os benefícios pagos em decorrência de acidentes ocasionados por culpa do empregador não possuíam lastro.

Resvala, assim, na forma de gerenciamento do risco, que pressupõe equilíbrio atuarial do seguro, de sorte que a seguradora apure com precisão o preço do risco, naquilo que foi juridicamente denominado de prêmio.

A comprovação de contribuição para os benefícios causados por culpa da empresa em desatenção às normas de segurança vem, ainda, da sua contabilização no FAP. Conquanto tenha-se concluído pela neutralidade do índice no tocante à Ação Regressiva[90], o simples fato de estes benefícios serem a ele incorporados, colaborando para a distribuição isonômica da carga tributária (art. 194, parágrafo único, V, da CF), demonstra que são relevantes para o custeio da Previdência.

Não se pode perder de vista que o empregador deverá reparar a vítima quando agir com culpa e que esta indenização abrange, além dos danos morais, parcelas de natureza alimentar, caso haja impossibilidade de o empregado promover seu sustento em razão do acidente. Há, nestes casos, certa identidade entre as prestações pagas pela Previdência Social com as de natureza alimentar devidas ao empregado pelo empregador, pois ambas destinam-se a promover seu sustento em decorrência da perda de rendimentos pela impossibilidade de trabalhar.

Note-se que no seguro do direito civil a seguradora ingressaria com ação em face do causador do dano por sub-rogar-se nos direitos da vítima, conjuntura que não se reproduz na dicção do art. 120 da Lei n. 8.213/91. Ademais, mesmo na seara do direito civil, seria vedada a sub-rogação para os seguros de pessoas, situação que se assemelha aos benefícios mantidos pela Previdência Social.

De toda sorte, o *bis in idem*, no presente caso, decorre do fato de a Previdência Social contar com o valor das contribuições sociais recebidas para custear os benefícios que mantém, resguardada a possibilidade de reaver os valores das

---

(89) Caráter contributivo, equilíbrio financeiro e atuarial, e impossibilidade de criação de benefícios sem a correspondente fonte de custeio.

(90) *Vide* item 1.3.1 do Capítulo III.

correspondentes prestações por meio da Ação Regressiva. Do ponto de vista do empregador, o *bis in idem* é constatado, ainda, pela obrigação de indenizar tanto o segurado quanto a Previdência Social por prestações que na origem ostentam a mesma natureza.[91]

Dentre os princípios gerais do direito ressalta-se o do não locupletamento à custa alheia, legado que nos foi deixado pelo direito romano, por Pompónio, e que tem por base dois dos grandes princípios de justiça e de direito: *dar a cada um o seu e não lesar a ninguém*.[92]

O pagamento dobrado de indenizações (para o empregado e para a Previdência Social) e o dúplice recebimento das despesas suportadas pela Previdência Social (contribuições sociais e pretensão deduzida por meio da ação prevista no art. 120 da Lei n. 8.213/91), conforme debatido, viola esta máxima.

Este, pois, consiste o primeiro plano de análise, que se presta à verificação da viabilidade da ação, ou da pretensão por meio dela deduzida, em confronto com a mecânica de gerenciamento do risco, princípios gerais do direito e ditames constitucionais.

Contudo, como direito posto, até ser extirpado do ordenamento jurídico pelos métodos legalmente aventados, o art. 120 produzirá efeitos, exigindo do intérprete que constate os resultados da sua aplicação. Questões que processualmente antecedem a análise do mérito da Ação Regressiva, tais quais o juízo competente, o prazo prescricional etc., pressupõem, no corte metodológico adotado neste trabalho, a aceitação do comando normativo e a legitimidade dos seus efeitos.

Neste segundo plano, portanto, certas questões são debatidas a partir da hipótese de coerência da pretensão estampada no art. 120 e assumindo-se que ela tem natureza indenizatória, nos termos do que foi asseverado no início deste tópico. Assim, se por um dado viés apresentou-se o comando legal que lhe garante

---

(91) Imaginemos, para destacar a incongruência da ação regressiva, que certo contratante de seguro de pessoa fosse assassinado (dolo), de sorte que os beneficiários instituídos na apólice fizessem jus ao pagamento de indenização na forma contratada. Seria vedado à seguradora ingressar com ação de regresso em face do autor do dano (art. 800 do CC), cabendo aos familiares lesados pleitear em face deste os prejuízos de ordem moral e material (inclusive de natureza alimentar). Por outras palavras, seria inconcebível que a seguradora recebesse, além do prêmio que lhe foi pago previamente, o valor que desembolsou por força da avença e concomitantemente persistir o dever do causador do dano em indenizar os lesados por sua ação (efeito liberatório que somente se verificaria com a sub-rogação, inoperante no seguro de pessoas). Esta seria a sistemática, caso fosse retomada a participação do seguro privado na cobertura dos acidentes de trabalho, como explicitado no item *Evolução da Legislação de Infortunística*. Se para seguradora seria ilegítimo pleitear o valor por ela desembolsado sem efetivação do efeito liberatório promovido pela sub-rogação, o mesmo vale para o INSS, que não poderá receber contribuições sociais para cobertura dos benefícios por incapacidade e reaver o montante despendido por estas prestações.

(92) GONÇALVES, Luiz da Cunha. *Princípios de Direito Civil Luso-Brasileiro, vol II. Direito das Obrigações*. São Paulo: Max Limonad, 1951. p. 559.

existência como inconstitucional, e o produto da Ação Regressiva como *bis in idem*, negando-lhe natureza indenizatória, neste outro nível argumentativo, o inverso poderá ser afirmado.

Em suma, numa dada dimensão é possível aduzir que a pretensão deduzida por meio da Ação Regressiva viola o princípio do *non bis in idem* e em outra asseverar que a verba pleiteada reveste-se de natureza indenizatória. Assim, mostra-se factível afirmar a inconsistência lógica da ação (análise no primeiro plano), e ao mesmo tempo qual seria o prazo prescricional a ela aplicado no caso de seu ajuizamento, e assumindo sua natureza indenizatória (análise no segundo plano).

4.3.1. *Natureza contributiva?*

O financiamento da Previdência Social e mais especificamente dos benefícios de acidentes do trabalho foi oportunamente tratado (*vide* item 1 do Capítulo III).

De toda sorte, mostra-se prudente, neste momento, destacarmos algumas das conclusões adrede formuladas, a fim de ressaltar que a Ação Regressiva não se presta a constituir o caixa da Previdência Social.

Conforme asseverado, o financiamento da seguridade social encontra-se previsto no art. 195 da CF, a ser feito por toda a sociedade, de forma direta e indireta, mediante recursos provenientes dos orçamentos da União, dos Estados, do Distrito Federal e dos Municípios, e das *contribuições sociais* previstas em seus incisos.

A contribuição social possui, portanto, destinação específica ou validação finalística. Mostra-se indissociável do fim a que se presta, moldada com precisão aos contornos do sistema de proteção. Possui, ademais, natureza tributária.

Do equilíbrio financeiro e atuarial imposto pelo art. 201 da CF combinado com o que dispõe o art. 195, § 5º, CF, verifica-se que as contribuições devem ser suficientes para dar vazão aos benefícios espelhados nas contingências previstas no art. 201, I a V, da Carta Magna.

Foi aduzido, ainda, que juridicamente seria impróprio falar-se em déficit previdenciário, pois do orçamento da União será excepcionalmente destacada quantia necessária para manter o equilíbrio das finanças previdenciárias.[93]

O financiamento dos benefícios por incapacidade é, portanto, unicamente realizado na forma prevista no art. 195, restando excluída a natureza contributiva dos valores advindos da Ação Regressiva prevista no art. 120 da Lei n. 8.213/91. De fato, não poderá o legislador contar, para a constituição do orçamento, bem como para projeção contida no art. 96 da Lei n. 8.212/91, com o montante eventualmente angariado por meio da Ação Regressiva.

Poder-se-ia questionar, todavia, que os recursos advindos desta ação são passíveis de compor o fundo previsto no art. 250 da CF, que prevê:

---

(93) Para maior detalhamento vide item 1.2.2 do Capítulo III.

Art. 250. Com o objetivo de assegurar recursos para o pagamento dos benefícios concedidos pelo regime geral de Previdência Social, em adição aos recursos de sua arrecadação, a União poderá constituir fundo integrado por bens, direitos e ativos de qualquer natureza, mediante lei que disporá sobre a natureza e administração desse fundo.

O dispositivo abre a possibilidade de entrada de recursos para garantia do pagamento de benefícios previdenciários outros que não aqueles ordinariamente criados para este fim, tendo sido regulamentado nos termos do art. 68 da Lei Complementar n. 101/00.

A possibilidade de se angariar outras receitas é ampla, pois poderão ter elas, na dicção do dispositivo (art. 250), *qualquer* natureza. Note-se, todavia, que este engenho não altera a natureza dos recursos a serem granjeados, possibilitando-se apenas que sejam destinados a assegurar o pagamento de benefícios previdenciários.

Dada sua importância, o art. 68 da LC n. 101/00 merece ser transcrito:

Art. 68. Na forma do art. 250 da Constituição, é criado o Fundo do Regime Geral de Previdência Social, vinculado ao Ministério da Previdência e Assistência Social, com a finalidade de prover recursos para o pagamento dos benefícios do regime geral da Previdência Social.

§ 1º O Fundo será constituído de:

I – bens móveis e imóveis, valores e rendas do Instituto Nacional do Seguro Social não utilizados na operacionalização deste;

II – bens e direitos que, a qualquer título, lhe sejam adjudicados ou que lhe vierem a ser vinculados por força de lei;

III – receita das contribuições sociais para a seguridade social, previstas na alínea *a* do inciso I e no inciso II do art. 195 da Constituição;

IV – produto da liquidação de bens e ativos de pessoa física ou jurídica em débito com a Previdência Social;

V – resultado da aplicação financeira de seus ativos;

VI – recursos provenientes do orçamento da União.

§ 2º O Fundo será gerido pelo Instituto Nacional do Seguro Social, na forma da lei.

A generalização dos recursos que possam integrar o Fundo garantidor do pagamento dos benefícios mantidos pela Previdência Social (*vide* inciso II) possibilita que as importâncias provenientes de Ação Regressiva lhe sejam destinadas, assim como outros quaisquer.[94]

---

(94) Poderia parecer redundante a determinação prevista no inciso III do art. 68, destinando ao Fundo recursos advindos das contribuições prestadas no art. 195, I a III da CF. Na mesma esteira, o art. 2º, § 1º, lhe destina as contribuições previstas no art. 11, *a*, *b* e *c*, da Lei n. 8.212/91, em que pese a mesma

Contudo, ainda que isso ocorra, tal fato não confere natureza tributária aos valores provenientes da Ação Regressiva, sublinhando-se a ausência de prejuízo com pagamentos de benefícios pelo INSS. Conforme asseverado, ao Fundo são abertos recursos de quaisquer naturezas. Os valores advindos de Ações Regressivas são, frise-se, recebidos em decorrência de benefícios já pagos. A relação de causa e efeito entre pagá-los em razão de culpa do empregador e a ação de regresso é que determina a natureza das verbas pleiteadas, e não a eventual destinação dos recursos ao referido fundo.

Ressalta-se, ademais, o repúdio da doutrina em relação à redação do art. 68 da LC n. 101/00, que, até certa medida, ignora as diretrizes previstas no art. 195 da Constituição Federal, sugerido que as verbas ali previstas não seriam suficientes para cobrir as despesas da seguridade social.

Nesse sentido:[95]

> Da forma como foi criado, o Fundo do Regime Geral de Previdência Social trás um duplo equívoco ou um duplo desarranjo nos preceitos constitucionais. Primeiro, porque ao criar um fundo exclusivo para a previdência, a LRF desconstitui o conceito de seguridade, tal como formulado na Constituição. Esse foi o passo necessário para o segundo equívoco: considerar os recursos da COFINS, CSLL e CPMF como externos ao orçamento da previdência e, portanto, passíveis de serem rotulados como transferências da União. Pelo art. 195 da Constituição Federal essas receitas pertencem, expressamente, ao financiamento da seguridade social, logo, não são recursos transferidos, mas recursos próprios. Mais do que isso, abriu-se espaço para a afirmação de que tais recursos, transferidos da União, são valores destinados a cobrir um suposto déficit no orçamento da previdência com verbas subtraídas do

---

determinação restar contida no art. 167, IX, da CF. Contudo, não se pode perder de vista que estas contribuições são, por sua natureza, destinadas ao financiamento da seguridade social como um todo e não diretamente à Previdência Social (art. 195).

De toda sorte, o fundo em si aparenta conflitar com a estrutura do financiamento da Seguridade Social, exigindo interpretação conforme o texto constitucional. Nesse sentido:

Medida cautelar em ação direta de inconstitucionalidade. LC n. 101, de 04.05.2000 (Lei de Responsabilidade Fiscal). MP n. 1.980-22/2000. (...) LC n. 101/2000. Vícios materiais. Cautelar indeferida. (...) Art. 68, *caput*: o art. 250 da Carta-Cidadã, ao prever a instituição de fundo integrado por bens, direitos e ativos de qualquer natureza, não excluiu a hipótese de os demais recursos pertencentes à Previdência Social, até mesmo os provenientes da arrecadação de contribuições, virem a compor o referido fundo. Ademais, nada impede que providência legislativa de caráter ordinário seja veiculada em lei complementar. LC n. 101/2000. Interpretação conforme a Constituição." (ADI 2.238-MC, Rel. p/ o ac. Min. Ayres Britto, DJ 09.08.07, Plenário, *DJE* de 12.09.08.)

(95) GENTIL, Denise Lobato. *A Falsa Crise do Sistema de Seguridade Social no Brasil: uma análise financeira do período 1990 – 2005*. Artigo apresentado no Congresso Trabalhista Brasileiro realizado entre 7 a 11 de fevereiro de 2007. Disponível em: <http://www.corecon-rj.org.br/ced/artigo_denise_gentil_reforma_da_previdencia.pdf>. Acesso em: 15.02.13.

orçamento fiscal. Essa interpretação distorce a verdadeira natureza da questão e dá margem a uma análise defeituosa que coloca a Previdência Social como alvo de reformas urgentes por ameaçar o equilíbrio fiscal do governo geral.

Nesse sentido, a destinação para o Fundo é mera faculdade. A União não está obrigada a vincular quaisquer fontes para cobertura com pagamentos de benefícios, a não ser as contribuições sociais estabelecidas no art. 195. Seria, todavia, um contrassenso por parte do legislador assumir a necessidade de ressarcimento da Previdência Social e, posteriormente, destinar o valor da suposta indenização para outro local que não ao pagamento de benefícios previdenciários.

Deve ser ressaltado, conforme abordado no tópico 1.3.1, que historicamente o valor arrecadado pela contribuição do SAT é suficiente para acobertar os custos advindos de benefícios acidentários decorrentes da relação de trabalho. De fato, as empresas contribuem mais do que o montante que é gasto com estas prestações.

Este argumento, todavia, não inibe, por si só, a validade da ação.

De fato, é a natureza *não arrecadatória*, mas sim de ressarcimento, que contradiz sua aplicação. Sobras ou faltas no caixa dizem respeito exclusivamente ao financiamento da seguridade e, tecnicamente, não poderiam ser utilizadas como argumento para sustentar a ação regressiva. Basta ver, por exemplo, que se a situação fosse a inversa, com as empresas recolhendo valores insuficientes para dar vazão ao caixa, não passaria a haver autorização para o INSS exercer o direito de regresso previsto no art. 120. Este direito liga-se exclusivamente à legitimidade ou não de exigência de ressarcimento do valor pago com benefícios acidentários, decorrentes de descumprimento de normas regulamentadoras.

As incongruências e as dificuldades de situar o valor decorrente da Ação Regressiva no arcabouço jurídico advêm, ressalta-se, do fato de o custeio tal qual definido no texto constitucional não admitir a possibilidade de os benefícios serem pagos sem o correspondente custeio. Não são, ainda, excetuados casos em que a proteção decorra de culpa do empregador, de sorte que todos serão merecedores de amparo, indistintamente. Em suma, portanto, o objeto da Ação Regressiva, na realidade, compreende valores previamente destinados ao caixa da Previdência e a benefícios cujos pagamentos não podem o INSS não pode se esquivar dos pagamentos.

4.3.2. *Finalidade punitiva ou socioeducativa?*

4.3.2.1. *Noções introdutórias*

O preâmbulo da Constituição da Organização Internacional do Trabalho (OIT) reconhece a existência de condições do trabalho que implicam em privações que põem em perigo a "paz e harmonia universais", considerando urgente a melhoria de certas condições, como, por exemplo, a proteção dos trabalhadores contra as moléstias graves ou profissionais e os acidentes do trabalho.

O Brasil apresenta elevado número de acidentes do trabalho segundo os dados fornecidos pelo Anuário Estatístico da Previdência Social de 2011 que apontam, nos termos da tabela abaixo, a ocorrência de mais de um acidente por minuto:[96]

Ano	Quantidade de Acidentes do Trabalho					
	Total	Com CAT Registrada				Sem CAT Registrada
		Total	Motivo			
			Típico	Trajeto	Doença do Trabalho	
2010	709.474	529.793	417.295	95.321	17.177	179.681
2011	711.164	538.480	423.167	100.230	15.083	172.684
2012	705.239	541.286	423.935	100.396	14.955	163.953

Por óbvio, a análise de valores absolutos não indica com clareza a gravidade do problema. Foram apurados 19,29 acidentes para cada mil vínculos no ano de 2010 e 18,13 em 2011[97], números que posicionam o Brasil entre os recordistas mundiais na ocorrência de acidentes do trabalho.

Na mesma esteira, durante o ano de 2013, foram registrados no INSS cerca de 717,9 mil acidentes do trabalho[98]

Apesar dos números alarmantes, a proporção dos benefícios acidentários é pouco significativa. Em dezembro de 2011, a Previdência Social mantinha cerca de 29 milhões de benefícios ativos em cadastro, dos quais 83,8% eram previdenciários, 2,8% acidentários e 13,4% assistenciais[99].

Já no ano de 2012, a Previdência Social concedeu quase 5 milhões de benefícios, dos quais 86,7% eram previdenciários, 6,7% acidentários e 6,6% assistenciais[100]

A baixa representatividade dos benefícios acidentários reflete no custo que eles representam. Dos R$ 299 bilhões gastos com pagamentos dos benefícios mantidos em 2011, apenas R$ 8,5 bilhões, ou 2,83%, foram despendidos com benefícios acidentários (vide anexo I).[101]

---

(96) Anuário Estatístico da Previdência Social de 2012. Disponível em: <http://www.previdencia.gov.br/wp-content/uploads/2013/05/AEPS_2012.pdf>. Acesso em: 06.03.15, p. 561.

(97) Anuário Estatístico de Acidentes do Trabalho 2011. Disponível em: <http://www.previdencia.gov.br/conteudoDinamico.php?id=1613>. Acesso em: 10.01.13.

(98) <http://www.previdencia.gov.br/aeps-2013-secao-iv-acidentes-do-trabalho/>. Acesso em: 06.03.15.

(99) Anuário Estatístico da Previdência Social de 2011, ob. cit., p. 263.

(100) Anuário Estatístico da Previdência Social de 2012, <http://www.previdencia.gov.br/wp-content/uploads/2013/05/AEPS_2012.pdf>. Acesso em: 06.03.15.

(101) Anuário Estatístico da Previdência Social de 2011, ob. cit.

Por óbvio, as expensas advindas dos acidentes não se limitam aos benefícios pagos, pois comportam também despesas hospitalares, de sorte que, para o Estado, a somatória dos gastos é maior do que o número acima apresentado. Este cenário, montado em torno do alto número de acidentes, sinaliza a necessidade de adoção de medidas que minimizem os riscos e promovam meio ambiente do trabalho saudável, direito estendível a todo trabalhador, seja ele subordinado ou não, em atenção ao princípio da igualdade e pelo que dispõe o art. 7º da CF.

Para tanto, o direito fixa condições mínimas a serem observadas pela empresa, bem como prevê meios de repressão de cunho socioeducativo para os que descumpram as determinações legais.

Segundo AMAURI MASCARO, "a primeira condição que o empregador está obrigado a cumprir é assegurar aos trabalhadores o desenvolvimento das suas atividades em ambiente moral e rodeado de segurança e higiene. Para este fim, bem como para outros, é que surgiu o direito do trabalho, inconfundível com o direito da seguridade social e infortunística".[102]

Aduz, ainda, que meio ambiente do trabalho abrange todo o complexo *máquina-trabalho*, composto, exemplificativamente, das edificações, dos equipamentos de proteção individual, da iluminação, do conforto térmico, das instalações elétricas, das condições insalubres ou perigosas e das características da jornada de trabalho.[103]

Tão acentuado é o relevo que representa as questões do direito à segurança e higiene do trabalho, que a Constituição dedicou-lhe especial atenção no seu art. 7º, XXII, que prevê como direito do trabalhador "a redução dos riscos inerentes ao trabalho, por meio de normas de saúde, higiene e segurança".

Indaga-se, pois, se a Ação Regressiva justifica-se como meio de coibir condutas indesejadas do empregador, de sorte a fomentar meio ambiente de trabalho saudável, mormente quando se destacam para este fim cinco medidas de cunho eminentemente repressivo:

1. Art. 19 da Lei n. 8.213/91: considera contravenção penal, punível com multa, deixar a empresa de cumprir as normas de segurança e higiene do trabalho;

2. Arts. 129, § 6º; art. 121, § 3º, c.c. art. 18, I, todos do CP Código Penal, que preveem a tipificação dos crimes de lesão corporal ou homicídio, doloso ou culposo, conforme o resultado do acidente;

3. Art. 133 da Lei n. 8.213/91: multa pelo descumprimento de determinações previstas no mesmo diploma, como a prevista no art. 19, § 1º;[104]

---

(102) *Curso de Direito do Trabalho*, 26. ed. São Paulo: Saraiva, 2011. p. 846.

(103) Ob. cit., p. 846.

(104) § 1º A empresa é responsável pela adoção e uso das medidas coletivas e individuais de proteção e segurança da saúde do trabalhador.

4. Art. 201 da CLT: previsão de multa para o descumprimento de determinações acerca de medicina e segurança do trabalho.

5. Art. 160 da CLT: possibilidade de interdição do estabelecimento.

Haverá, ainda, obrigação do empregador na reparação de eventuais danos sofridos pelo trabalhador (art. 7º, XXVIII, CF), bem como possível majoração na carga tributária da empresa por meio do FAP. Estes dois mecanismos, contudo, ainda que possam estimular a adoção de medidas que reduzam acidentes, não são notavelmente repressivos, tendo o primeiro natureza indenizatória e representando o segundo a aplicação do princípio da isonomia na esfera tributária.[105]

O legislador cuidou de acentuar as medidas de cunho preventivo no que toca a segurança do trabalhador. Basta, para tanto, constatarmos que das cinco sanções aplicáveis ao caso, somente uma delas está atrelada ao resultado indesejado decorrente do descumprimento de normas de segurança e higiene do trabalho (o item 2).

Nesta linha, é obrigatória a notificação das doenças profissionais e das produzidas em virtude de condições especiais de trabalho e a criação de órgãos internos tais como a CIPA, para empresas com mais de 50 empregados, o Serviço Especializado em Engenharia do Trabalho de Segurança e Medicina do Trabalho (SESMT), o desenvolvimento do Programa de Prevenção de Riscos Ambientais (PPRA) e do Programa de Controle Médico de Saúde Ocupacional (PCMSO).

A fiscalização, conforme será abordado com mais vagar no tópico seguinte, será realizada precipuamente pelas Delegacias Regionais do Trabalho, vinculadas ao Ministério do Trabalho. Não se pode perder de vista, contudo, a importância do Ministério Público do Trabalho, a quem igualmente cumpre zelar pelo meio ambiente saudável (art. 129 da CF), inclusive pela utilização de ações coletivas.[106]

Não obstante, em que pese o detalhamento do arcabouço jurídico na proteção do meio ambiente, SEBASTIÃO GERALDO DE OLIVEIRA manifesta certa

---

(105) *Vide* item 1.3.1 do Capítulo III.

(106) Discussão que se travou, referentemente à competência material da Justiça do Trabalho, entre o Ministério Público do Trabalho e os Ministérios Públicos Estaduais, foi a relativa à competência para a ação civil pública de prevenção de acidentes de trabalho. Entendiam os Ministérios Públicos Estaduais que, sendo da Justiça Estadual a competência para apreciar as ações de indenização por acidentes de trabalho, também lhe caberia a apreciação de ação civil pública que tivesse por finalidade a prevenção desses acidentes. Já o MPT sustentava que o pedido de uma ação civil pública nessa matéria seria o de observância das normas de segurança e medicina do trabalho, que constituem parte do ordenamento jurídico-trabalhista. O STF acabou dando razão ao MPT, reconhecendo que a controvérsia é de natureza trabalhista, pelo que a competência é, mesmo, da Justiça Especializada (MARTINS FILHO, Ives Gandra da Silva, in A Importância da Ação Civil Pública no Âmbito Trabalhista. Disponível em: <http://www.planalto.gov.br/ccivil_03/revista/Ver_25/artigos/Art_MinistroIves.htm>. Acesso em: 11.01.13.

indignação com a prevalência das questões que apresentam cunho patrimonial na seara do direito do trabalho:[107]

> É surpreendente constatar que o Direito do Trabalho, na sua marcha evolutiva a respeito do nosso tema de estudo, empenhou-se mais em regulamentar a monetização do risco que o meio ambiente de trabalho saudável. Com isso, temas como jornada de trabalho, remuneração, sindicalização, férias, repousos remunerados, contrato de trabalho, dentre outros, sempre tiveram mais densidade doutrinária do que a proteção à vida e à saúde do trabalhador, que ficaram em posição secundária. A inversão dos valores é manifesta. De que adianta proclamar solenemente a primazia do direito à vida, se não criarmos condições adequadas para o exercício de viver...

Aduz, ainda, que "os esforços para solucionar os problemas na área da segurança e saúde no trabalho, tanto em nível nacional quanto internacional, têm sido dispersos e fragmentados e não possuem a coerência necessária para produzir um impacto real".[108]

No mesmo sentido, a OIT aduz que "a administração e a inspeção do trabalho são uma pedra angular do trabalho decente, especialmente considerando os desafios do mundo globalizado", bem como haver "o desafio de buscar uma inspeção mais efetiva, mais proativa, modernizada, que se apoie nas novas tecnologias para o processamento e o recolhimento de informação".[109]

No Brasil, não houve um desenvolvimento uniforme das etapas evolutivas da relação trabalho-saúde[110], ainda que ao menos tenha havido incorporação de avanços importantes. O desafio presente é dar efetividade aos preceitos já instituídos[111], devendo ser indagado se o papel de destaque dado a ações de cunho in-

---

(107) In *Estruturas Normativa da Segurança e Saúde do Trabalhador*. Revista do Tribunal Regional do Trabalho da 3ª Região, Belo Horizonte, v. 45, n. 75, jan./jun. 2007, p. 108.

(108) Ob. cit., p. 114.

(109) Notícia OIT pede fortalecimento da inspeção do trabalho na América Latina. Dsponível em: <http://www.oit.org.br/content/oit-pede-fortalecimento-da-inspecao-do-trabalho-na-america-latina>. Acesso em: 11.01.13.

(110) Sebastião Geraldo de Oliveira descreve estas etapas evolutivas: "as primeiras preocupações foram com a segurança do trabalhador; posteriormente, preocupou-se, também, com a medicina do trabalho para curar as doenças ocupacionais; em seguida, ampliou-se a pesquisa para a higiene industrial, visando a prevenir as doenças e garantir a saúde; mais tarde, o questionamento passou para a saúde do trabalhador, na busca do bem-estar físico, mental e social. Atualmente, em sintonia com o princípio fundamental da dignidade da pessoa humana, expressamente adotado pela Constituição de 1988, pretende-se avançar além da saúde do trabalhador: busca-se a integração do trabalhador com o homem, o ser humano dignificado e satisfeito com a sua atividade, que tem vida dentro e fora do ambiente do trabalho, que pretende, enfim, qualidade de vida". Ob cit., p. 110.

(111) OLIVEIRA, Sebastião Geraldo de, ob. cit. p. 110.

denizatório, tal qual a regressiva na forma como proposta pelo art. 120, para inibir condutas indesejadas por parte do empregador é pertinente.

De antemão, podemos afirmar que "é lamentável constatar que as indenizações por acidente do trabalho têm sido o argumento mais convincente para motivar o empregador ao cumprimento das normas de segurança e saúde no local de trabalho".[112]

4.3.2.2. Ausência de natureza sancionatória

É característica do direito o poder de coerção, sujeitando à força os que deixam de seguir o comportamento que lhes foi indicado. As normas apontam certo tipo geral de conduta, aplicando-se a uma classe também geral de pessoas, das quais se espera o cometimento.

Segundo o modelo dualista, a norma é composta de duas partes denominadas de normas primárias e secundárias. Na primeira estatuem-se relações deônticas, enquanto as segundas se encarregam de consequências sancionadoras para o caso de descumprimento do comportamento exigido. O antecedente da norma sancionadora conterá, por óbvio, a negativa do consequente previsto na norma primária.[113]

Assim, se determinada conduta protetiva é esperada do empregador e tal fato lhe é comunicado por meio de norma jurídica de caráter imperativo, deverá ser concebida sanção para comportamento adverso.

As sanções prescritas nas normas jurídicas podem ser de várias espécies, apontando a doutrina duas classificações pertinentes para o presente estudo:[114]

1. Quanto ao ramo do direito a que pertencem podem ser:

a) civis: nulidade de ato irregular, condenação pecuniária, prescrição etc.;

b) penais: penas privativas de liberdade, restritivas de direito ou multa;

c) administrativas: multas, interdições, penas disciplinares etc.;

d) processuais: multas, condenação de custas etc.;

2. De acordo com a natureza:

a) restitutivas: visando à reposição das coisas no estado anterior em que estavam antes da violação da norma;

b) compensatórias: abrangem indenização ou reparação do dano;

---

(112) OLIVEIRA, Sebastião Geraldo de, ob. cit. p. 110.

(113) VILANOVA. Lourival. *As Estruturas Lógicas e o Sistema do Direito Positivo*. São Paulo: Noeses, 2005. p. 105.

(114) DINIZ, Maria Helena. *Compêndio de Introdução à Ciência do Direito*. 19. edição. São Paulo: Saraiva, 2008. p. 377 e 378.

c) repressivas: constituem as penas em geral do direito criminal ou penal;

d) advenientes: referente à incúria ou ao abandono, acarretando perda de um direito, como prescrição, revelia e decadência;

e) preventivas: medidas de segurança previstas em lei, comumente verificadas em matéria penal.

Portanto, "a sanção é medida que poderá ser imposta por quem foi lesado pela violação de norma jurídica a fim de fazer cumprir a norma violada, de fazer reparar o dano causado ou de infundir respeito à ordem jurídica".[115]

É merecedor de destaque o fato de que a sanção, *stricto sensu*, não se confunde com o poder de coerção ínsito ao direito e responsável por possibilitar sua efetividade.

Não se nega, pois, o caráter sancionatório, por exemplo, de ressarcimento pleiteado por vítima de ato ilícito. Neste sentido, quem por negligência causar dano a outrem (art. 186 do CC) ficará obrigado a repará-lo (art. 927). A transgressão cometida pelo autor do dano sofrerá reprimenda pelo pagamento da indenização, podendo a vítima valer-se da força, caso necessário (coerção).

Nesse sentido, a norma é autorizante, pois permite ao lesado pela sua violação exigir seu cumprimento.

Há, contudo, dupla função na indenização a ser paga pelo autor do dano à vítima: representa a sanção prevista pelo direito para coibir a conduta ilícita, mas precipuamente se destina a compensar o gravame sofrido, reparando o prejuízo causado.

De fato, a responsabilidade é a necessidade de reparar um dano e a indenização é o ressarcimento do prejuízo, recompondo o patrimônio do lesado, tornando-o indene à situação lesiva que experimentou.[116]

Destarte, a indenização apresenta natureza sancionatória na estrutura normativa somente enquanto *consequência* para o comportamento contrário ao previsto na norma primária, sem que tal circunstância lhe retire a finalidade precípua a que se destina: recomposição do prejuízo injustificado da vítima, mantendo-se o *status quo ante*.

Devemos neste ponto realçar importantes distinções das responsabilidades decorrentes do ato ilícito cometido pelo empregador em relação ao empregado. Haverá em atenção ao que dispõe o CC (art. 186 c.c. 927) o dever de reparação dos prejuízos que causar ao empregado.

Haverá, ainda, consoante o estabelecido no art. 120 da Lei n. 8.213/91, o direito de regresso da Previdência Social em relação ao empregador, supostamente,

---

(115) DINIZ, Maria Helena. Ob. cit., p. 376.
(116) AZEVEDO, Villaça Álvaro. Ob. cit., p. 275.

conforme abordado no tópico anterior, para indenizá-la dos prejuízos que este lhe acarretou, com reembolso do que foi despendido com o benefício. A dificuldade de conceituação da situação descrita neste dispositivo, todavia, reside no fato de que na realidade os prejuízos não existem. Não houve dano em relação à Previdência Social, ressalta-se à evidência, em razão do prévio custeio dos benefícios concedidos, a cargo do próprio empregador.

De todo modo, o artigo ignora tal fato, e, ao se utilizar da expressão *ação regressiva*, conduz o interlocutor erroneamente à conclusão de que algo haveria de ser indenizado, quando, em verdade, não há.

Não obstante a vinculação da ação a dano que não existe, poderia ela colaborar para reprimir a indesejada falta de cautela do empregador em relação à segurança dos seus empregados e que tanto agrava o risco de acidentes. Tal circunstância, todavia, não lhe altera a natureza jurídica, nem possibilita ao legitimado propô-la com este intuito.

De fato, a norma que institui a Ação Regressiva pressupõe, sublinhe-se, sua natureza indenizatória. Ela será intentada para recuperação de despesas que somente existiram em razão da conduta negligente do empregador. Os motivos de foro íntimo que levariam o legitimado a propor a ação não lhe alteram esta finalidade. Por óbvio, o INSS, autarquia federal com atribuições próprias, não possui anseios ou vontades. Não obstante, a atuação daqueles que se encontram em seu comando lhe conferem determinada linha de atuação.

Nesse sentido, pacificou-se o entendimento de que a pessoa jurídica zeladora de valores éticos e morais e cuja administração espelha lisura nos padrões de comportamento pode sofrer ofensa moral passível de ser indenizada. Esse posicionamento restou solidificado pelo verbete da Súmula n. 227 do STJ, ao expressamente estatuir que "a pessoa jurídica pode sofrer dano moral".

A comoção social manifestada em resposta aos acidentes ocorridos no ambiente de trabalho cuja instabilidade foi criada pelo próprio empregador é geral, havendo indicação do Instituto para ingresso da Ação Regressiva para reprimir esta conduta.

Nesse sentido, a Procuradoria Especializada junto ao INSS e o Escritório de Recuperação (ER) clamam pela necessidade de interposição da Ação Regressiva como forma de ressarcimento do erário e *desestímulo à negligência às normas de segurança de trabalho*.[117]

Sublinhe-se que o arcabouço jurídico conta com penalidades específicas previstas para o caso de descumprimento de medidas de segurança e medicina do trabalho. Nesse sentido a CLT prevê ser de incumbência de órgão de âmbito nacional

---

(117) Conforme notícia veiculada no sítio eletrônico da Advocacia-Geral da União em 01.03.10, intitulada "Proferida Primeira Sentença em Ação Regressiva em São Bernardo do Campo/SP" (<http://www.agu.gov.br/sistemas/site/TemplateTexto.aspx?idConteudo=128066&id_site=1106>). Acesso em: 10.07.11.

coordenar, orientar, controlar e supervisionar a fiscalização referente à segurança e medicina do trabalho em todo território nacional (art. 155, II).

Será, ainda, competência das Delegacias Regionais do Trabalho promover a fiscalização do cumprimento das normas de segurança e medicina do trabalho, impondo as penalidades previstas no art. 201,[118] conforme o caso (art. 156).

Além da aplicação de multas, existe a possibilidade de interdição do estabelecimento, setor de serviço, máquina ou equipamento, ou embargar obra, quando verificado por meio de laudo técnico iminente risco para o trabalhador.

Em síntese, o empregador que descumpre normas regulamentadoras do trabalho está sujeito às punições pecuniárias previstas no art. 201 da CLT. Poderá, ainda, sofrer condenação criminal como incurso nos crimes de lesão corporal ou homicídio (culposo ou por dolo indireto, nos termos da parte final do art. 18, I, do Código Penal), nos termos dos artigos 129, § 6º; art. 121, § 3º, ambos do CP. Ainda na esfera criminal, estabelece o art. 19, § 2º, da Lei n. 8.213/91, configurar contravenção penal, punível com multa, deixar a empresa de cumprir as normas de segurança e higiene do trabalho. Por fim, está sujeito o empregador ao pagamento de indenização de natureza cível à vítima, com fulcro nos artigos 186 c.c. 927, ambos do CC, em atenção ao que dispõe o art. 7º, XXVIII, da CF.

A medicina do trabalho compreende o estudo das formas de proteção à saúde do trabalhador, indicando medidas preventivas e remediando efeitos concretizados. A segurança do trabalho, por seu turno, relaciona-se à ação traumática, por seus aspectos técnicos, por meio da engenharia do trabalho. A conjunção destas vertentes visa à promoção de um ambiente laboral saudável.[119]

Para alcance destes objetivos, com redução dos acidentes e doenças profissionais, o ordenamento edifica estrutura bem definida, com elenco dos sujeitos incumbidos de fiscalizar e aplicar as penalidades adrede citadas.

Ao Ministério Público é cabido defender o meio ambiente, incluindo-se o do trabalho (art. 129, III, CF). Conjuntamente, haverá atuação do Ministério do Trabalho e Emprego (MTE), ao qual se subordinam as Delegacias Regionais do Trabalho,[120] encarregadas das aplicações das penalidades previstas no art. 201 da CLT, adrede citado.

---

(118) Art. 201 – As infrações ao disposto neste Capítulo relativas à medicina do trabalho serão punidas com multa de trinta a trezentas vezes o valor de referência previsto no art. 2º, parágrafo único, da Lei n. 6.205, de 29 de abril de 1975, e as concernentes à segurança do trabalho com multa de cinquenta a quinhentas vezes o mesmo valor.

Parágrafo único – Em caso de reincidência, embaraço ou resistência à fiscalização, emprego de artifício ou simulação com o objetivo de fraudar a lei, a multa será aplicada em seu valor máximo.

(119) CARRION, Valentin. *Comentários à Consolidação das Leis do Trabalho*, 33. ed., atualizada por Eduardo Carrion. São Paulo: Saraiva, 2008. p. 171/172.

(120) Por força da Lei n. 8.422, de 13 de maio de 1992, as Delegacias Regionais do Trabalho saíram da esfera do INSS, revogando-se disposição neste sentido por força da Lei n. 8.099/90.

Por este motivo, a determinação do art. 120 tem suscitado "dúvida entre os intérpretes, principalmente se ela não é um *bis in idem* de outras imposições legais. Com efeito, além da possibilidade de ser multado pelo MTE, da contribuição adicional prevista na Lei n. 9.732/98 e de correr o risco de sofrer ação civil indenizatória por parte do segurado (art. 121), a empresa deve ressarcir o INSS, quando caracterizada sua culpa".[121]

5. AS RELAÇÕES JURÍDICAS NO DIREITO PREVIDENCIÁRIO

Faz-se mister, na esteira das esquematizações utilizadas para destacar as relações que envolvem o contrato de seguros do direito civil, estabelecermos aquelas presentes no âmbito do direito previdenciário.

Será deixada de lado a relação de custeio estabelecida entre os trabalhadores e a União, apenas por fins metodológicos, pois considerá-las ou não na comparação entre a Previdência Social e o contrato de seguro não colaboraria para melhor elucidação do trabalho.

Há, pois, uma primeira relação de custeio, de natureza tributária, envolvendo o empregador e a União, com supedâneo constitucional (art. 195, *a*, I), e especificações contidas no art. 22, II, da Lei n. 8.213/91, que, esquematicamente, apresenta-se com a seguinte estrutura:

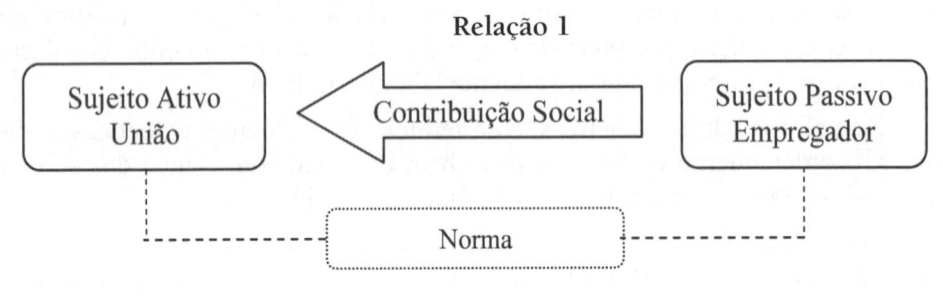

Relação 1

Sujeito Ativo União ← Contribuição Social — Sujeito Passivo Empregador

Norma

Nesse sentido prevê o artigo 11 da Lei n. 8.422/92:

Art. 11 – As Delegacias Regionais de Trabalho (DRT), incorporadas às unidades descentralizadas do Instituto Nacional de Seguro Social (INSS) pela Lei n. 8.099, de 5 de dezembro de 1990, ficam reinstituídas, com as competências e atribuições dos titulares, especialmente as estabelecidas pela Consolidação das Leis do Trabalho.

Parágrafo único – É o Poder Executivo autorizado a promover as alterações necessárias na estrutura do INSS, com o objetivo de transferir ao Ministério do Trabalho e da Administração a execução dos programas relacionados com as políticas do Governo Federal nas áreas de emprego, apoio ao trabalhador desempregado, identificação e registro profissional, inspeção do trabalho e segurança e saúde do trabalhador, bem como o acervo patrimonial, recursos humanos, cargos efetivos e em comissão e funções de confiança do INSS.

(121) MARTINEZ, Wladimir Novaes. *Comentários à Lei Básica da Previdência Social*. 6. ed. São Paulo: LTr, 2003, p. 595.

De outro lado, temos o liame envolvendo o segurado e o INSS, figurando o primeiro como titular de direito subjetivo, público e indisponível, e o segundo como sujeito passivo, responsável pela obrigação de dar, consubstanciada no pagamento de benefício previdenciário:

Relação 2

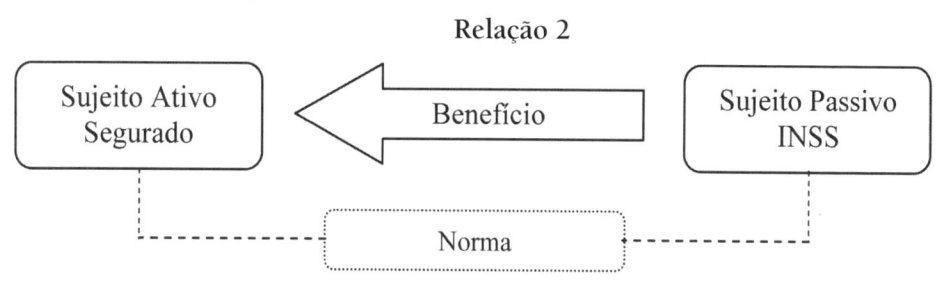

```
┌─────────────┐        ┌─────────────┐
│Sujeito Ativo│◀─Benefício─│Sujeito Passivo│
│  Segurado   │        │    INSS     │
└──────┬──────┘        └──────┬──────┘
       └──────── Norma ───────┘
```

Conforme se denota, ambas as relações decorrem da lei. São, ademais, autônomas entre si. Ainda que a Constituição Federal tenha determinado o caráter contributivo da Previdência Social, o direito de o segurado receber o benefício é distinto do dever do empregador em recolher a exação (princípio da automaticidade das prestações).

Há, ainda, outra relação jurídica que nasce com a colaboração mediata do vínculo trabalhista, mas de natureza civil, decorrente da responsabilidade do empregador de reparar o empregado quando, por culpa ou dolo, lhe causar dano, tendo por fonte um ato ilícito (responsabilidade civil):

Relação 3

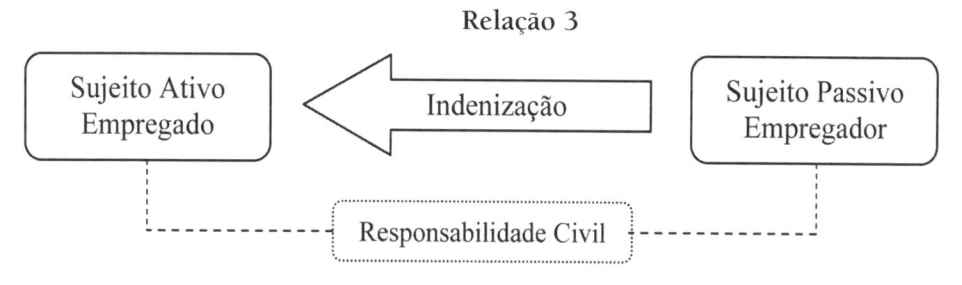

```
┌─────────────┐        ┌─────────────┐
│Sujeito Ativo│◀─Indenização─│Sujeito Passivo│
│  Empregado  │        │  Empregador │
└──────┬──────┘        └──────┬──────┘
       └──── Responsabilidade Civil ────┘
```

Por fim, a procedência da Ação Regressiva impõe o dever de o empregador pagar ao INSS o montante suportado em razão de pagamento de benefício previdenciário, instaurando-se a seguinte relação processual:

Relação 4

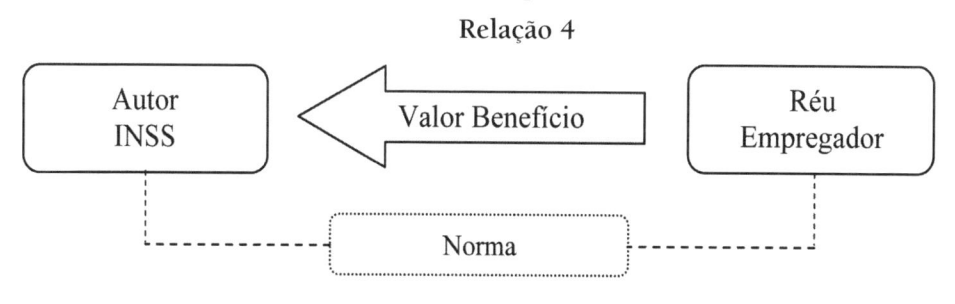

```
┌─────────────┐        ┌─────────────┐
│    Autor    │◀─Valor Benefício─│     Réu     │
│    INSS     │        │  Empregador │
└──────┬──────┘        └──────┬──────┘
       └──────── Norma ───────┘
```

Da análise dos esquemas traçados para esboçar as relações que circulam no universo do contrato de seguro, chega-se, de imediato, a uma primeira conclusão: o fundamento da regressiva não nasce da transferência do direito de reparação do empregado em face do autor do dano. Por outras palavras, não existe sub-rogação do direito contido na *Relação 3* aos sujeitos previstos na *Relação 4*.

IV

Contextualização da Ação Regressiva no Comparativo do Seguro Social com o Seguro Privado

1. SUJEITOS ENVOLVIDOS

A Previdência Social teve sua origem nos benefícios decorrentes de acidentes de trabalho, delineada pelos mesmos traços utilizados na definição dos contornos do contrato de seguro.[1]

Conforme asseverado na parte inicial do trabalho, tanto o seguro privado quanto a Previdência Social lidam com gerenciamento de risco, ainda que para a Previdência a caracterização das contingências tenha reflexos sociais. Nesse sentido, serão relevantes os eventos decorrentes da questão social e que coloquem o segurado em necessidade, afetando reflexamente a coletividade.

Diversos serão os atores chamados a promover o custeio da seguridade social, que se pautando pela solidariedade impõe a participação mesmo dos que não sofrem diretamente com a concretização do risco, como é o caso das empresas.

Assim, nos termos do art. 195, contribuirão para a Previdência Social as empresas e os segurados, que serão, via de regra, todos que exerçam atividade remunerada, salvo pela atração do segurado facultativo ao sistema de proteção.

---

(1) Nesse sentido ALMANSA PASTOR aduz que o seguro social adota as técnicas jurídico-econômicas do seguro privado, sendo características comuns às duas relações: a) ambas são duradouras no tempo; b) nas duas predomina o caráter oneroso; c) a presença da aleatoriedade é comum, que implica na incerteza *do quando* a prestação será paga e, por vezes, *do quanto* será seu valor (ALMANSA PASTOR, José M. *Derecho de La Seguridad Social*. 7. ed. Madrid: Ed. Tecnos, 1991. p. 112).

Nesse sentido, verifica-se uma primeira diferença entre os sujeitos envolvidos no seguro privado, cuja integração no contrato independe da atividade laboral, sendo ele deliberado conforme a vontade dos interessados.

Numa forma simplificada, portanto, dois são os sujeitos no contrato de seguro: a seguradora, responsável pelo pagamento da indenização; e o segurado, a quem cabe o pagamento do prêmio, na maneira pactuada. Poderá, quando muito, haver a figura do instituidor, no caso de seguro da conta de outrem, mas sem conferir mais complexidade às relações.

Conforme debatido, por meio do seguro possibilita-se a quotização do risco, atribuindo-lhe um preço, que equivale ao prêmio. A seguradora, no âmbito do direito civil, não apenas é responsável por gerenciar os recursos que angaria e pelo pagamento das indenizações, mas representa igualmente o ponto de contato entre todos os segurados.

Se no direito privado a seguradora assume papel de promoção de gerenciamento do risco, realizando cálculos atuariais indispensáveis para a correta quotização, bem como se responsabilizando pelo pagamento das indenizações quando da ocorrência do sinistro, então sua correspondência imediata no universo previdenciário seria com o INSS.

O Instituto Nacional do Seguro Social foi criado pela Lei n. 8.029, de 12 de abril de 1990, mediante a fusão do Instituto de Administração Financeira da Previdência e Assistência Social (IAPAS) com o Instituto Nacional da Previdência Social (INPS). Ambas as entidades eram partes integrantes do Sistema Nacional de Previdência e Assistência Social (SINPAS), com finalidade de realizar as seguintes funções (art 1º da Lei n. 6.439, de 1º de setembro 1977):

    I – concessão e manutenção de benefícios, e prestação de serviços;

    II – custeio de atividades e programas;

    III – gestão administrativa, financeira e patrimonial.

Em linhas gerais, as atribuições do primeiro inciso eram de incumbência do INPS, cabendo ao IAPAS promover a arrecadação, fiscalização e cobrança das contribuições sociais, destinadas ao programa social orientado pelo SINPAS.

Ao INSS, portanto, era designada a dupla função de arrecadar as contribuições sociais incidentes sobre a folha[2], bem como conceder e manter os benefícios e serviços prestados pela Previdência Social.

Quando da sua criação pela Lei n. 8.029/90, foi-lhe conferida, nos termos do art. 17, natureza de autarquia federal. Possui, pois, personalidade jurídica, podendo figurar como sujeito de obrigações, contraindo direitos e deveres.

---

(2) Nesse sentido dava-se a redação original do art. 33 da Lei n. 8.212/91:
Art. 33. Ao Instituto Nacional do Seguro Social-INSS compete arrecadar, fiscalizar, lançar e normatizar o recolhimento das contribuições sociais previstas nas alíneas *a*, *b* e *c* do parágrafo único do art. 11; e

Desde a edição da Medida Provisória n. 449, de 3 de dezembro de 2008, convertida na Lei n. 11.941, de 27 de maio de 2009, houve separação entre as atividades de cobrança das contribuições sociais e pagamento dos benefícios, ficando a Receita Federal do Brasil incumbida da fiscalização e arrecadação[3] e o INSS responsável pela concessão e manutenção dos benefícios.

Não obstante o INSS não ter mais prerrogativa para figurar como sujeito ativo da relação tributária, continua gerenciando os recursos captados para pagamento de benefícios previdenciários nos termos do art. 68, §§ 1º e 2º, da LC n. 101/00,[4] bem como pelo que dispõe o art. 2º, § 1º, da Lei n. 11.457, de 16 de março de 2007.[5]

---

ao Departamento da Receita Federal-DRF compete arrecadar, fiscalizar, lançar e normatizar o recolhimento das contribuições sociais previstas nas alíneas *d* e *e* do parágrafo único do art. 11, cabendo a ambos os órgãos, na esfera de sua competência, promover a respectiva cobrança e aplicar as sanções previstas legalmente.

Na mesma esteira, o Decreto n. 99.350, de 27 de junho de 1990, previa que:

Art. 1º É criado o Instituto Nacional do Seguro Social – INSS, autarquia federal vinculada ao Ministério do Trabalho e da Previdência Social – MTPS, mediante a fusão do Instituto de Administração Financeira da Previdência e Assistência Social – IAPS com o Instituto Nacional de Previdência Social – INPS.

Art. 2º O INSS será dirigido por uma Diretoria composta por Presidente e quatro diretores, todos nomeados pelo Presidente da República.

Art. 3º Compete ao INSS:

I – promover a arrecadação, fiscalização e cobrança das contribuições sociais e demais receitas destinada à Previdência Social;

II – gerir os recursos do Fundo de Previdência e Assistência Social – FPAS;

III – conceder e manter os benefícios e serviços previdenciários;

IV – executar as atividades e programas relacionados com emprego, apoio ao trabalhador desempregado, identificação profissional, segurança e saúde do trabalhador.

(3) A RFB é órgão, participando da descentralização da administração. Não possui personalidade jurídica e, portanto, não é sujeito ativo das relações tributárias. Esta prerrogativa é *usualmente* ocupada por pessoas jurídicas de direito público, igualmente detentoras de competência para instituir tributos. No presente caso, será, pois, a União quem figurará no polo ativo da relação tributária.

(4) Art. 68. Na forma do art. 250 da Constituição, é criado o Fundo do Regime Geral de Previdência Social, vinculado ao Ministério da Previdência e Assistência Social, com a finalidade de prover recursos para o pagamento dos benefícios do regime geral da Previdência Social.

§ 1º O Fundo será constituído de:

I – bens móveis e imóveis, valores e rendas do Instituto Nacional do Seguro Social não utilizados na operacionalização deste;

II – bens e direitos que, a qualquer título, lhe sejam adjudicados ou que lhe vierem a ser vinculados por força de lei;

III – receita das contribuições sociais para a seguridade social, previstas na alínea *a* do inciso I e no inciso II do art. 195 da Constituição;

IV – produto da liquidação de bens e ativos de pessoa física ou jurídica em débito com a Previdência Social;

V – resultado da aplicação financeira de seus ativos;

VI – recursos provenientes do orçamento da União.

§ 2º O Fundo será gerido pelo Instituto Nacional do Seguro Social, na forma da lei.

(5) Art. 2º Além das competências atribuídas pela legislação vigente à Secretaria da Receita Federal, cabe a ela planejar, executar, acompanhar e avaliar as atividades relativas à tributação, fiscalização, arrecadação,

As seguradoras, por seu turno, deverão ser concebidas exclusivamente na forma de sociedades anônimas (art. 72, parágrafo único, do Decreto-Lei n. 73, de 21 de novembro de 1966). Serão fiscalizadas, conforme mencionado anteriormente, pela SUSEP, e deverão dedicar-se exclusivamente ao ramo de seguros (art. 78 do DL n. 73/66), sendo o sujeito garantidor do interesse do segurado contra riscos predeterminados (art. 757 do CC).

Em resumo, enquanto no direito privado são dois os sujeitos envolvidos (seguradora e segurado), no direito previdenciário serão quatro: INSS (equivalência com a seguradora), beneficiário (equivalência com o segurado), empresa (sem equivalência com o seguro privado), Estado[6] (sem equivalência com o seguro privado).

A empresa, aliás, é responsável direta pela existência do risco a que o empregado submete-se, o que torna ainda mais ilógico a necessidade de acobertar o valor dos benefícios e posteriormente arcar com o montante dos seus pagamentos.[7]

O mecanismo criado pela Ação Regressiva, portanto, permite que um dos implicados na quotização e promoção do risco seja responsabilizado pelo pagamento do benefício (indenização), sem precedentes no direito securitário.

Não se pode perder de vista a existência de contribuição própria para o pagamento de benefícios acidentários (art. 22, II, da Lei n. 8.212/91), exclusivamente a cargo da empresa. Não se pode olvidar, ainda, que pela sistemática do seguro, bem como pelo que dispõem os arts. 201, *caput*, (equilíbrio financeiro e atuarial) e 195, § 5º, todos da CF, seria inimaginável a concessão de benefícios sem o prévio custeio. Vale dizer, portanto, que as contribuições vertidas pela empresa com base no art. 22, II, da Lei n. 8.212/91 destinam-se a todos os benefícios concedidos em razão de acidente do trabalho, independentemente de terem sido desencadeados ou não por culpa do empregador.

---

cobrança e recolhimento das contribuições sociais previstas nas alíneas *a*, *b* e *c* do parágrafo único do art. 11 da Lei n. 8.212, de 24 de julho de 1991, e das contribuições instituídas a título de substituição.

§ 1º O produto da arrecadação das contribuições especificadas no *caput* deste artigo e acréscimos legais incidentes serão destinados, em caráter exclusivo, ao pagamento de benefícios do Regime Geral de Previdência Social e creditados diretamente ao Fundo do Regime Geral de Previdência Social, de que trata o art. 68 da Lei Complementar n. 101, de 4 de maio de 2000.

(6) Cuando el Estado (...) se hace intervencionista, la Administración irrumpe plenamente en la sociedad, adquiriendo el título de Administración social. Junto a las actividades de policía y de fomento, dedica sus energías a actividades de prestación o asistenciales, a fin de satisfacer responsablemente las necesidades públicas, proporcionando bienes y servicios públicos, como actividad administrativa destinada a satisfacer necesidades públicas, directa o indirectamente, con exclusión o en concurrencia con actividades privadas y por razones de interés público (ALMANSA PASTOR, ob. cit., p. 147).

(7) Neste ponto podemos diferenciar o pagamento das contribuições sociais pela empresa do seguro a conta de outrem, tratado brevemente no item 2.3 do Capítulo II. Seria um contrassenso a estipulação de seguro em favor de terceiro quando o estipulante estivesse sujeito, além do pagamento do prêmio, a arcar com a própria indenização.

2. RELAÇÕES JURÍDICAS

No direito civil, verifica-se vínculo contratual formado entre seguradora e segurado, de natureza bilateral. As relações podem ser desmembradas em duas obrigações: numa a seguradora figura como sujeito ativo, tendo direito ao recebimento do prêmio, conforme os termos da avença. Em contrapartida, está sujeita ao pagamento do valor da indenização, em caso de ocorrência do sinistro (concretização do risco).

No tocante à Previdência Social, há duas relações distintas: **a)** uma de natureza tributária, figurando a União como sujeito ativo e o empregador como sujeito passivo; **b)** outra vinculando o INSS ao segurado, devendo-lhe pagar o benefício nos casos previstos em lei.

Os liames de direito previdenciário apresentam caráter complexo, diferentemente do que se observa na seara do direito civil, por consequência da participação do Estado como garantidor das relações vivenciadas entre os sujeitos atuantes no universo dos benefícios.

O emaranhado destas relações mostra-se difícil de ser decifrado em razão da participação de sujeitos distintos, não se limitando às figuras do segurado, da seguradora e do estipulante (no caso do seguro em favor de terceiros), ou somente dos dois primeiros, no seguro tradicional. Surge, na Previdência Social, a figura da empresa que colabora para o financiamento de benefícios e igualmente é responsável por criar o ambiente gerador da contingência.

Nesse sentido, sua participação inibe a bilateralidade verificada em sua forma mais pura no seguro privado, desvinculando a Previdência Social desta estrutura, por apresentar relações unitárias de custeio e proteção.[8]

Sempre haverá reflexos de uma na outra. Se na proposição de ALMANSA PASTOR estas relações são esquematizadas por meio de duas linhas paralelas[9], poderíamos dizer que tais linhas teriam propriedades reflexivas, com a projeção de uma na outra. Não se tocam, pois são independentes; mas o custeio encontra fundamento e quantificação na proteção.

Assim, ainda que tanto as relações verificadas no âmbito do direito privado quanto da Previdência Social tenham vinculação com o risco, a natureza sinalagmática da primeira é mais notável que a da segunda. Basta, como dito, perguntar-se por que empresas contribuem. A relação entre risco e contribuições sociais não é direta, pois intermediada pelo componente social. Há contribuições para dar-se vazão a políticas de interesse social promovidas pelo Estado, que conta com a participação de toda a sociedade.

---

(8) ALMANSA PASTOR, José M. *Derecho de La Seguridad Social*. 7. ed. Madrid: Ed. Tecnos, 1991. p. 114.

(9) A diferencia de la teoría unitaria, que las representaba triangularmente y con puntos de apoyo mutuo, la teoría escisionista las concibe como líneas paralelas independientes, que se desarrollan sin converger ni apoyarse entre sí (ob. cit., p. 116).

Daí, ademais, a justificativa de o liame forjado entre Estado e contribuintes ser de índole tributária e, portanto, obrigatório. Frise-se, todavia, que não há dever de concessão de benefício pelo simples fato de ter havido adimplemento da quota patronal e vice versa. Por óbvio, do ponto de vista dos segurados contribuintes individuais e facultativo há este compromisso, previsto em lei. Somente far-se-á jus às prestações os que contribuírem na forma que lhes foi determinada.

A maioria dos benefícios, ademais, é calculada com base no salário de benefício, conforme previsão do art. 28 da Lei n. 8.213/91, e este, por seu turno, guarda intrínseca relação com os valores auferidos pelo segurado durante o mês, em contraprestação do seu trabalho. Esta assertiva vale, grosso modo, tanto para o empregado quanto para o contribuinte individual, cuja contribuição, igualmente, apresenta consonância com a renda que aufere pelo trabalho que executa.

O cálculo atuarial, todavia, não leva em conta apenas estas contribuições, cabendo aos empregadores cobrir a maior parte do caixa da previdência. No tocante às suas contribuições vigora o princípio da *automaticidade das prestações*, de sorte que do ponto de vista do segurado pouco importa se foram efetivamente vertidas ou não. O mesmo se diga no tocante aos empregados, pois o recolhimento das contribuições a seu cargo será feito pelo empregador, na forma prescrita pelo art. 30, I, *a*, da Lei n. 8.212/91.

Nestas hipóteses, em que há efetiva aplicação do princípio da automaticidade das prestações, denota-se certa mitigação do caráter sinalagmático entre verter contribuições sociais e auferir benefícios, pois a falta de recolhimento não implica necessariamente na sua não concessão.

No mesmo sentido, o mutualismo, presente de forma latente no seguro privado, mostra-se menos notável no que diz respeito ao regime aplicável às contribuições sociais. Não que o Estado não deva garantir que os valores recolhidos sejam suficientes para abarcar a rede de proteção ou, no que diz respeito à Previdência Social, o pagamento dos benefícios e serviços a serem prestados pelo INSS. O equilíbrio deverá sempre ser observado, em atenção ao que dispõe o art. 201, *caput*, e o art. 195, § 5º, ambos da CF.

Não obstante, a relação entre risco social e contribuições é sobremaneira mais engessada que a estabelecida entre risco e prêmio, verificada no contrato de seguro do direito civil, pois na primeira busca-se a efetivação de interesse social.

Nesse sentido:

> Tal afirmação exclui que, no sistema jurídico previdenciário, a obrigação de pagar as contribuições e a de conceder prestações previdenciárias possam ser configuradas como obrigações correspondentes. E isto não tanto devido à falta de toda equivalência da contribuição relativamente às probabilidades em que se verifique o risco assumido pela entidade previdenciária, mas pelo

motivo fundamental de que ambas as obrigações consideradas são impostas única e imediatamente para o atendimento de um interesse público.[10]

Esse engenho, ademais, justifica a posição do Estado como garantidor do equilíbrio financeiro do sistema, participando subsidiariamente do custeio, nos termos do art. 195, *caput*, e 16 da Lei n. 8.212/91. A uma, pois o Estado representa toda a sociedade, em atenção ao princípio da solidariedade. Por outro lado, a falta de agilidade de alteração da carga tributária, que depende de modificação legislativa, não implicará no imediato desfalque do caixa previdenciário, que contará com as contribuições da União, conforme adrede explicitado.

Neste meandro, as relações tendem a multiplicar-se com diversas combinações possíveis: do Estado com o ente segurador, com os sujeitos protegidos e com os que participam da cotização; dos sujeitos protegidos com o ente segurador e com os que participam da cotização; destes dois últimos entre si.[11]

No contrato de seguro do direito privado, ao contrário, a correspondência entre prêmio e valor da indenização é unicamente intermediada pelo risco. Não há outro elemento na relação estabelecida entre segurado e seguradora que justifique a ingerência do Estado, tal qual ocorre no universo previdenciário.

Obviamente, o valor do prêmio assumirá reflexos mercadológicos. De toda forma, isso não lhe retira a funcionalidade no gerenciamento do risco. Vale dizer que nele sempre estará presente o preço do risco (que leva em conta igualmente o prejuízo que se encontra em jogo).

A Ação Regressiva, por seu turno, é representada pela relação jurídica imposta por lei, para ressarcimento do INSS pelo pagamento de benefícios ou serviços relacionados a acidentes do trabalho.

Sua existência seria de difícil explicação no âmbito do direito civil, em que a indenização a ser paga pela seguradora corresponde à contraprestação do contrato que livremente escolheu pactuar. Note-se, pois, que é de sua escolha figurar como garantidora do sinistro e, para tanto, lhe é pago o prêmio, por diversos segurados e cuja soma será suficiente para arcar com os prejuízos dos que venham a sofrer o dano acobertado.

Ademais, ainda que o dano seja causado por terceiro, não se mostra sustentável o direito de regresso da seguradora em face do agente sob o argumento de que ela teria sido colocada na relação jurídica estabelecida com o segurado por ato de outro, compelida a arcar com sua responsabilidade.

O valor pago pela seguradora tem, por representar igualmente uma contraprestação contratual, natureza diversa da reparação devida pelo autor do dano, e o vínculo estabelecido com o segurado, conforme cediço, decorre do contrato.

---

[10] PERSIANI, Mattia. (Trad. Edson L.M. Bini, Coord. Tradução Wagner Balera). *Direito da Previdência Social*. 14. ed. São Paulo: 2008. p. 86.

[11] ALMANSA PASTOR, ob. cit., p. 114.

A mesma lógica é aplicável às relações da Previdência Social, ainda que incrementada pelo componente social. A natureza da prestação pecuniária não é indenizatória. Os benefícios têm finalidade de amparar a necessidade do segurado ou de seus dependentes em razão de contingências que impeçam seus sustentos. A necessidade, todavia, é presumida, partindo o legislador do pressuposto que, caso adoeça, por exemplo, não terá o segurado condições de auferir renda e manter-se com dignidade.

Assim, paralelamente à relação de custeio firmada entre empresa e União, o empregado terá direito à tutela previdenciária a ser prestada pelo INSS, sempre que, v.g., ver-se incapacitado de exercer suas atividades por mais de quinze dias. O primeiro liame, de natureza tributária, não implica necessariamente no segundo, e os fatos geradores de cada um deles são igualmente distintos.

O que motiva o pagamento do benefício não é a necessidade de indenizar o segurado, mas promover o interesse público, consistente na eliminação da necessidade do trabalhador. As relações firmadas, seja a de custeio, seja a de benefício, encontram fundamento de validade, conforme aduzido anteriormente, na eliminação da situação de risco, que reflete na sociedade.

Extirpada a situação de necessidade que se encontraria o segurado não fosse pelo amparo social, lhe são conferidas condições para manifestar suas liberdades políticas e sociais.

Nesse sentido, conforme abordado anteriormente, a Ação Regressiva, que pressupõe que o pagamento de benefícios seria de responsabilidade do empregador, conflita com o sistema de proteção. Por motivos outros, igualmente não se encaixa no modelo de gerenciamento do risco adotado no âmbito do direito privado por meio do contrato de seguro, em que o direito de regresso da seguradora nasce do dever que tem o autor do dano de reparar a vítima.[12]

Há, todavia, no seguro privado, a figura da sub-rogação, que possibilita à seguradora reaver o valor que pagou, repassando-o para os demais segurados. O mecanismo, contudo, mostra-se inaplicável no cenário da Previdência Social, cujas relações, nos termos aduzidos, são múltiplas e cujo sinalagma é menos notável. O formato do direito civil, ademais, pressupõe o efeito liberatório do autor do dano, inoperante no caso da Ação Regressiva, que acaba por incorrer no *bis in idem* alhures explicitado. Por isso a sub-rogação não ser apreciável para relações imateriais, a exemplo do que se verifica no seguro de pessoas.

A presença do componente social explica, assim, a necessidade da proteção prestada pelo INSS, a ser feita levando em conta a concretização do risco e ignorando-se sua causa. Este elemento (o componente social) rege o tom da Previdência Social, inibindo a aplicação de institutos tais como o da sub-rogação, que

---

(12) Da mesma forma, inexistiria direito de regresso a ser exercido pela seguradora no caso de seguro de pessoas, conforme enfatizado nos itens 2.3 e 2.4 do Capítulo II.

promovem o retorno da contraprestação contratada para a seguradora, em razão da transferência do direito da vítima[13].

Em suma, duas são as frentes de atuação do Estado: a) uma previdenciária, operacionalizada pelo INSS, extirpando a necessidade do segurado incapacitado, mesmo quando a verificação da contingência advenha de ato ilícito cometido pelo empregador; b) outra, de ação conjunta, referente à prevenção de acidentes do trabalho e punição dos responsáveis quando eles se concretizarem.

2.1. Mutualismo e Solidariedade

O sistema jurídico da Previdência Social, conforme observado, compreende conjunto de diversas relações que ligam os sujeitos que de uma forma ou de outra participam da efetivação do amparo proporcionado pela Previdência Social.

A analogia entre a estrutura da Previdência Social com o seguro do direito privado possui, pois, limites que não podem ser ultrapassados. Ambos lidam com o risco e a forma encontrada pelo ser humano para suportá-lo foi da diluição do prejuízo pelo grupo de pessoas que a ele se encontra exposto nela sustentada ao longo do trabalho.[14]

Já de imediato, denota-se uma primeira distinção entre a atuação da Previdência Social com o seguro privado: na primeira, nem todos que participam da quotização do risco estão a ele diretamente sujeitos.

Logicamente, como membro da sociedade, todos sofrem as consequências do mal causado por aquele que se encontra desprovido de meios para suprir suas necessidades. De toda forma, as empresas, *v.g.*, nunca serão frontalmente alvo desta situação. Os riscos sociais não as atingem diretamente, mas sim por via reflexa, pela perda de funcionário que venha a ficar incapacitado de exercer suas atividades.

A intervenção do Estado, igualmente, é mitigada na relação do direito privado, pois ainda que atue como agente regulador, a relação que envolve os particulares é muito mais fluída, amoldando-se conforme a vontade das partes.

De outro lado, o princípio da automaticidade das prestações indica a inexistência de correspondência hermética entre contribuições e prestações previdenciárias. Tal fato aponta a impossibilidade de o INSS alegar o princípio do *non adimpleti contractus*, tal qual verificável no seguro privado.

---

(13) Nesse sentido, repisamos a afirmação contida no item 2 do Capítulo III, de que, "sendo relevante a toda comunidade que exista cobertura da incapacidade decorrente de acidente do trabalho, não haveria por que se falar em reparação pelo pagamento dos correlatos benefícios. Não há indenização por pagamento feito em interesse do próprio sujeito a ser 'indenizado'."

(14) *Vide*, exemplificativamente, a Introdução, Capítulo I, item 1, e Capítulo II, item 1.

O mutualismo, conforme asseverado, igualmente não se assenta com perfeição ao modelo atual da Previdência Social. O fato de o sistema lidar com contingências e, portanto, com fatos futuros e incertos inevitavelmente aproxima o seguro social do seguro privado.

Os dois representam formas encontradas pelo ser humano para lidar com infortúnios que, em última análise, serão repartidos por vários integrantes do grupo.

Nesse sentido dá-se a previsão do equilíbrio financeiro da Previdência Social (art. 201, *caput*) e, na mesma esteira, o conteúdo do art. 96 da Lei n. 8.212/91. Não obstante, o atual modelo de gerenciamento do caixa, intitulado como *repartição*, indica que o ônus da manutenção das prestações previdenciárias recai sobre a parte ativa da população, ao contrário do que ocorreria no sistema de capitalização.

> Esse sistema [de repartição], no qual as contribuições são proporcionais ao ônus dos benefícios à medida que estes são concedidos, substitui o da capitalização, que já prevalecia na forma do prêmio médio geral, para o qual a contribuição devia ser proporcional ao ônus financeiro resultante do número dos acidentes que ocorreriam no futuro, estimativa esta feita segundo o cálculo das probabilidades.

Conforme se denota, portanto, conquanto a Constituição mencione a necessidade de equilíbrio financeiro e *atuarial* do sistema, o art. 195, § 5º, exija prévia criação de fontes de custeio para que novos benefícios sejam criados e o art. 96 da Lei n. 8.212/91 determine projeções atuariais para o horizonte de vinte anos, não há constituição prévia do caixa, em razão da adoção do sistema de repartição.

Esse modelo de gerenciamento retira a identidade entre indivíduos expostos ao risco e aqueles entre os quais são repartidas as consequências da verificação do risco que caracteriza a estrutura mutualista,[15] a assumir posição de maior destaque no seguro do direito privado.

O maior peso do mutualismo que recai sobre o direito privado justifica-se pela associação imediata entre prêmio e indenização, o que não se verifica na Previdência Social, conforme afirmado, em razão do princípio da automaticidade. As diferenças, ademais, explicam-se pela participação do Estado ante a presença do componente social, que, não obstante ser encontrado nos dois sistemas, manifesta-se com maior proeminência no universo da seguridade social.

Neste contexto repisamos na afirmação feita alhures de que o mecanismo da sub-rogação empregado no direito civil possibilita que o valor da indenização pago pelo autor do dano seja reaproveitado por todos que contrataram seguro para cobertura do mesmo risco. Por outras palavras, a sub-rogação prestigia o mutualismo, presente no direito privado.

---

(15) PERSIANI, Mattia, ob. cit., p. 92.

Em contraposição ao mutualismo, a solidariedade é a nota tônica que dita o tom a ser observado na Previdência Social, impondo ao Estado e a todos da sociedade suas contribuições para o sistema.

Cumpre ela, como todo princípio básico que envolve relações jurídicas, dupla função: endógena e exógena. A primeira atua na direção do interior da relação como aglutinador dos elementos relacionais. Constitui substrato capaz de entrelaçar as relações jurídicas instrumentais. A segunda, exógena, individualiza e distingue a relação jurídica frente a outras de contornos similares[16].

A solidariedade caminha *pari passu* com a equidade na forma de participação no custeio. Ser solidário implica assumir responsabilidades de outros, mas isso deve ocorrer de forma equânime e ordenada. Ao contribuir para a seguridade social, estará o empregador sendo solidário, pois terceiro irá usufruir da prestação por ele vertida ao sistema de proteção.

A coincidência entre quem recebe a indenização paga pelo seguro do direito privado com o direito de ressarcimento em face do autor do dano, atrelado ao princípio do mutualismo, recebe de braços abertos o instituto da sub-rogação, conforme acima aduzido.

Ao contrário, a aplicação do princípio da solidariedade, por meio do qual terceiro assume responsabilidade que ordinariamente não seria sua, repele este mecanismo, em razão da prevalência da proteção social, exigindo-se outras medidas de prevenção de acidentes e punição dos responsáveis pela concretização do risco quando decorrente de ato ilícito.

Por fim, não se pode perder de vista a inaplicabilidade da sub-rogação para os seguros de pessoa, o que inibe o exercício de direito de regresso da seguradora em face do autor do dano, ante a impossibilidade de precisar monetariamente bens imateriais, como a vida e a integridade física.

3. FONTES DAS OBRIGAÇÕES

3.1. No Direito Civil

Tratamos alhures, ainda que de forma breve, acerca das fontes das obrigações presentes na relação contratual do seguro, bem como naquelas encontradas no âmbito do direito previdenciário.

Afirmamos que a formação do seguro regido pelo direito civil dá-se pelo contrato. O contrato, encampado pelo direito das obrigações, é a fonte das relações presentes na avença. Conforme cediço, as partes são livres para pactuar da forma que lhes for mais conveniente, de sorte que se a avença é a fonte das obrigações presentes no seguro, a vontade constitui elemento anterior ao pacto firmado entre um ou mais sujeitos.

---

[16] ALMANSA PASTOR, José M. *Derecho de La Seguridad Social*. 7. edição. Madrid: Ed. Tecnos, 1991. p. 120.

Nas relações presentes no âmbito do direito civil, portanto, duas serão suas fontes: a) para as obrigações traçadas entre segurado e seguradora será o contrato; b) no tocante ao dever de reparação do causador do dano e a vítima (segurado), será o ato ilícito.

Neste contexto surge, portanto, a possibilidade de a seguradora se sobrepor ao direito de reparação cujo titular é a vítima (segurado), cobrando do autor do dano a indenização, por meio do mecanismo da sub-rogação esmiuçado anteriormente.

Ressalta-se que todas as relações têm por base a vontade individual.

Os segurados escolhem participar da avença em razão do que têm a perder pela concretização do risco. Por óbvio, qualquer decisão tomada com base no risco envolve dois elementos que, embora inseparáveis, são distintos: os fatos (natureza objetiva); e a visão subjetiva do que se pode ganhar ou perder com a decisão a ser tomada.[17]

O risco é o elemento objetivo do contrato.

Entretanto o mesmo risco poderá ser interpretado diferentemente por dois ou mais sujeitos, conforme suas características e peculiaridades. Certas pessoas são mais aversivas ao perigo do que outras e, consequentemente, serão igualmente mais acauteladoras. Devemos considerar, ainda, a relação entre o impacto econômico do infortúnio e a chance de que ele ocorra. O pagamento do prêmio, em longo prazo e considerando-se a média dos segurados, será sempre superior ao prejuízo coberto.

De forma simplificada, o que move o sujeito a firmar o contrato de seguro é a impossibilidade, ou grande dificuldade, de suportar os gastos se e quando eles ocorrerem. Logicamente, a análise dependerá da intersecção, conforme asseverado, de outros vetores, tais quais as chance de concretização do risco e o valor do prêmio. Não seria atraente celebrar avença cujo valor do prêmio fosse muito próximo ao do bem segurado. De outro prisma, ainda que a relação entre prêmio e prejuízo fosse favorável e a extensão do possível dano fosse elevada, poucos firmariam contrato para cobertura de risco cuja probabilidade de concretização fosse muito próxima de zero.

Deve-se levar em conta, ainda, que o seguro de dano envolve direito patrimonial e, portanto, disponível. Ainda assim, a mesma análise valerá, em parte, para o caso de seguro de vida, regido pelo Código Civil. *Em parte*, pois neste caso o legislador cuidou de expressamente afastar a possibilidade da sub-rogação do direito da vítima pela segurada em face do autor do dano, nos termos explicitados anteriormente.

Conforme cediço, ambas as partes exercem o mesmo poder de escolha em relação a integrar ou não a avença. A seguradora, tal qual o segurado, pondera

---

(17) "Any decision relating to risk involves two distinct and yet inseparable elements: the objective facts and a subjective view about the desirability of what is to be gained, or lost, by decision". (BERNSTEIN, Peter L. *Against the Gods: The remarkable story of risk*. Kindle Edition, 1998. p. 1120-30).

acerca das feições com que o contrato deverá apresentar-se para que lhe seja favorável gerenciar o risco. Conta, contudo, com o poder da informação que dispõe envolvendo sofisticados cálculos atuariais na dissolução do possível risco em razão do amplo universo de contratantes.

Na mesma seara, o ato ilícito tido como fonte da obrigação do dever de reparação depende de um fato do homem. Há, diferentemente do que ocorre nos casos de responsabilidade objetiva, livre escolha por parte do causador do dano em agir de maneira repudiada pelo direito. O que determina o dever de reparação, em última análise, é a escolha da sua forma de ação.

A sub-rogação do direito do segurado em receber a indenização da vítima pela seguradora, portanto, envolve obrigações cuja fonte será a *vontade individual*, seja ela expressada por meio do contrato, seja resultado de ato ilícito. Ressalta-se à evidência, ainda, sua inaplicabilidade para o seguro de pessoas, bem como a ausência do componente social verificável nas relações previdenciárias, que, conforme debatido, inibe este instrumento.

3.2. No Direito Previdenciário

A obrigação, adrede explicitada, que se forma entre o beneficiário e o INSS, ao contrário do liame firmado entre seguradora e segurado na seara do direito privado, independe da vontade das partes e tem por fonte a lei.

O pagamento do benefício quando da verificação das contingências lançadas pelo constituinte resulta da garantia mínima de subsistência digna, pela preservação das necessidades vitais básicas.

A obrigação dá-se *ope legis* e, portanto, por força de ato de império do Estado, que determina quem assumirá cada qual dos polos da relação obrigacional, bem como os moldes necessários para seu cumprimento e qual seu objeto.

O conflito interno travado pelo contratante do seguro não se apresenta para os sujeitos envolvidos nas relações abarcadas pela Previdência Social. Enquanto o contrato de seguro é produto da vontade subjetiva, será segurado da Previdência quem quer que pertença à categoria daqueles que exercem atividade remunerada. Da mesma forma, por força de lei, assumirá o INSS a responsabilidade de arcar com as prestações e os serviços, como *longa manus* do Estado.

O prejuízo decorrente da concretização do risco é, na mesma esteira, presumido pelo legislador. Pouco importa, na visão acauteladora assumida pelo Estado, se haverá de fato necessidade por parte do beneficiário. Incorrendo ele em uma das previsões do art. 201 da CF, figurará como sujeito ativo da relação firmada com o INSS.

Vale dizer, portanto, que na atuação dominada pela Previdência Social a análise a ser feita por aquele que contrata seguro privado é substituída pela vontade do Estado de acobertar todos que exercem atividade remunerada, presumindo-se que, se a fonte de renda cessar, o alento deve ser prestado.

Se a relação de benefícios independe da vontade das partes, o mesmo é de se esperar no que diz respeito ao custeio das despesas daí advindas. Seria inconcebível que a rede de proteção fosse imposta pelo Estado e o correspondente custeio ficasse a critério de cada um. Frise-se que, diferentemente do que se observa no seguro privado, nem sempre o sujeito passivo da relação tributária usufruirá diretamente do benefício por ele mantido.

As empresas, conforme cediço, sujeitar-se-ão ao pagamento de contribuições sociais para que as prestações que serão pagas aos trabalhadores possam ser suportadas sem comprometimento excessivo do orçamento da União, ainda que parte dele, conforme anteriormente aduzido, possa integrar o caixa da Previdência.

A Ação Regressiva, repise-se, é dissonante com o mecanismo da sub-rogação, que possibilita que a seguradora receba a indenização devida pelo autor do dano no âmbito do direito privado.

Por meio do vocábulo *regresso* assume-se que a empresa acarretou custo aos cofres da Previdência Social, que deve ser por ela, empresa, suportado. A ausência de vontade por parte dos agentes envolvidos repele esta assertiva. Todos os compreendidos na trama buscam o mesmo objetivo que consiste em libertar o indivíduo, de forma imediata, e toda a sociedade, de forma mediata, da situação de necessidade.

A eliminação da vontade ou do caráter negocial do instrumental utilizado pela Previdência Social, portanto, destoa da adoção do chamado *direito de regresso* previsto no art. 120 da Lei n. 8.213/91.

V

OUTRAS QUESTÕES AFETAS À AÇÃO REGRESSIVA

1. INTERPRETAÇÃO RESTRITIVA DO ART. 120

Ressalta-se à evidência que o vínculo obrigacional originário na responsabilidade civil tem como fonte um ato ilícito. Seu titular é a vítima, que assume, também, um dos polos na relação do contrato de seguro. É ela quem sofre o dano e, desta forma, é a única com direito à reparação. O contrato de seguro, firmado com o segurador, por óbvio, não obsta o nascimento da responsabilidade daquele que, agindo com culpa ou dolo, causou-lhe prejuízo.

Entretanto, paga a indenização, o segurador sub-roga-se, nos limites do valor respectivo, nos direitos e nas ações que competirem ao segurado contra o autor do dano (art. 786), salvo quando este for o cônjuge, descendente ou ascendente da vítima.

No direito previdenciário, a natureza do direito de regresso é dada pelo art. 120 da Lei n. 8.213/91, que estabelece modalidade específica de responsabilidade subjetiva, pois somente nascerá o direito quando houver negligência quanto à observação de normas regulamentadoras do trabalho.

Admitindo-se, *ad argumentandum tantum*, a possibilidade de ingresso da Ação Regressiva, frise-se que ela somente poderá ser proposta nos casos que envolvam o vínculo laboral, ou, por outras palavras, figurando sempre a empresa como réu no processo.

Esse entendimento vai de encontro à submissão do INSS à vontade da lei, responsável por posicioná-lo no polo passivo das relações de prestação e serviços abarcados pela Previdência Social.

Vale dizer, portanto, que assumir o comando dos pagamentos não permite ao INSS alegar sofrer prejuízo toda vez que tiver de arcar com determinado benefício e, caso sua concessão tenha ocorrido por conduta culposa de quem quer que seja, ser detentor do direito de ser reparado com fulcro nos dispositivos 186 e 189 do Código Civil (responsabilidade civil).

Deveras, o legislador criou engenho próprio e específico, utilizável somente nos casos em que envolva vínculo empregatício, dada sua relevância e magnitude no campo do direito previdenciário, quer no que diz respeito à concessão de benefícios, quer na relação de custeio.

Caso contrário, poderia o legislador simplesmente ter se silenciado, pois quem pode o mais (ajuizar ação contra qualquer um que por culpa ou dolo dê causa a concessão de um benefício) pode o menos. A normatização da Ação Regressiva, com expressa menção aos casos de negligência quanto às normas de segurança do trabalho, limita seu campo de atuação a esta possibilidade.

Desta forma, ainda que o direito de regresso debatido não tenha origem na relação de trabalho, e sim na ação de indenização contra causador de dano, configurando matéria de responsabilidade civil,[1] apresentará sempre a empresa como réu e sua culpa será qualificada, pois vinculada ao descumprimento de normas de proteção do trabalho.

1.1. Acidentes de Trânsito e Violência Doméstica

Não obstante as assertivas tecidas no início deste tópico, conforme cediço, diversas são as ações interpostas pelo INSS em face de autores de dano decorrentes de acidente de trânsito ou de violência contra a mulher[2] e que, por óbvio, não possuem a mesma fundamentação das ações regressivas propriamente ditas.

Nesse sentido, ademais, determinou a Procuradoria Federal, por meio da Portaria Conjunta n. 6, de 18 de janeiro de 2013, que prevê:

> Art. 2º Considera-se ação regressiva previdenciária para os efeitos desta portaria conjunta a ação que tenha por objeto o ressarcimento ao INSS de despesas previdenciárias determinadas pela ocorrência de atos ilícitos.
>
> Art. 4º Compreendem-se por atos ilícitos suscetíveis ao ajuizamento de ação regressiva os seguintes:
>
> I – o descumprimento de normas de saúde e segurança do trabalho que resultar em acidente de trabalho;
>
> II – o cometimento de crimes de trânsito na forma do Código de Trânsito Brasileiro;

---

(1) AI 478440, 2ª Turma do TRF da 3ª Região, e-DJF 23.08.12, v.u.

(2) A Lei n. 11.340, de 7 de agosto de 2006, intitulada de *Lei Maria da Penha*, cria mecanismos de coibir a violência doméstica e familiar contra a mulher.

III – o cometimento de ilícitos penais dolosos que resultarem em lesão corporal, morte ou perturbação funcional;

Parágrafo único. Consideram-se normas de saúde e segurança do trabalho, dentre outras, aquelas assim definidas na Consolidação das Leis do Trabalho, as normas regulamentadoras do Ministério do Trabalho e Emprego, normas de segurança afetas à atividade econômica, normas de segurança relativas à produção e utilização de máquinas, equipamentos e produtos, além de outras que forem determinadas por autoridades locais ou que decorrerem de acordos ou convenções coletivas de trabalho.

Art. 5º Do exame concreto de fatos e dos correspondentes argumentos jurídicos, outras hipóteses de responsabilização, incluindo crimes na modalidade culposa, poderão dar ensejo ao ajuizamento de ação regressiva.

Baseiam-se estas outras hipóteses exclusivamente na responsabilidade civil, calcada nos arts. 186 e 189 do CC, não obstante, sublinhe-se mais uma vez, o art. 120 expressamente vincular a ação aos casos de *empresas* que negligenciem acerca de normas de segurança do trabalho.

Imaginar que seria possível ao INSS alegar sofrer dano quando da concessão de um benefício e estar autorizado a repará-lo sempre que causado pela ação culposa de outrem possibilitaria a seguinte e estranha situação: agindo o segurado com culpa, vindo a se acidentar e ficar incapacitado para o trabalho, estaria o INSS imbuído do direito de mover ação contra ele para reparação do dano que sofreu pela concessão do respectivo benefício[3].

Obviamente, a situação é inimaginável, sendo mencionada como *reductio ad absurdum*, a fim de ilustrar que as posições ocupadas pelos diversos sujeitos e as obrigações e direitos são assumidos independe de suas vontades e inibe a vinculação com as noções de lucro por parte daquele que recebe o benefício, ou prejuízo de quem o paga.

Ainda que a causa de pedir das ações movidas nos casos de acidentes de trânsito ou para as agressões condenadas pela Lei Maria da Penha seja a responsabilidade civil, o INSS justifica o intento não pela necessidade de arrecadação para cobertura dos benefícios, mas sim pelo caráter punitivo, colaborando com a prevenção dos acidentes de trânsito ou violência doméstica.[4]

---

(3) Seria, ainda, de difícil explicação a existência do auxílio-reclusão (previsto no artigo 80 da Lei n. 8.213/91), cuja concessão pressupõe o cometimento de crime punível com pena de reclusão. O alargamento do raciocínio nos levaria ao absurdo de propor que todos os serviços públicos relacionados a um ato ilícito não deveriam ser suportados pelo Estado. Assim, por exemplo, seria possível ao SUS reaver os valores gastos em razão de internação, quando relacionada a acidente de trânsito, ou de outros crimes. Os presos deveriam, igualmente, arcar com todos os gastos prisionais, inclusive de locomoção para realização de trabalho fora do presídio (em que pese o caráter educacional da medida, reintegrando o preso à sociedade), ou de educação e atividades recreativas (art. 83 da Lei n. 7.210/84). A própria atuação da polícia deveria ser custeada por quem quer que com ela se envolva, caso tenha cometido ato ilícito.

(4) <http://www1.folha.uol.com.br/fsp/cotidiano/48947-inss-vai-a-justica-para-que-agressor-de-mulher-assuma-custo-da-pensao.shtml>.

Todavia, conforme asseverado alhures, ainda que haja finalidade punitiva no pagamento de indenização para os casos de reparação civil em razão da estrutura da norma jurídica, que prevê regras de conduta, a precípua razão do seu pagamento é manter o *status quo ante*. Seria inconcebível o repúdio do direito ao ato ilícito sem a previsão de uma consequência jurídica negativa, papel preenchido pela obrigação de pagar indenização por aquele que causou dano.

Caso, além da repercussão civil, o direito anteveja ser certo comportamento merecedor de maior reprovação, prevendo-o como crime, caberá ao Ministério Público, como titular da ação penal, perseguir na aplicação da pena correspondente.

2. ELEMENTOS ESPECÍFICOS DA AÇÃO REGRESSIVA

2.1. Extensão do Dano

O dano consiste num dos pressupostos da responsabilidade civil, pois não poderá haver ação de indenização sem a existência de prejuízo. Na mesma esteira, inexistirá direito de regresso sem a presença de dano a bem jurídico, sendo imprescindível a prova real e concreta desta lesão.

A Ação Regressiva prevista no art. 120 da Lei n. 8.213/91 presta-se a repassar para a empresa os custos advindos da concessão de benefício cuja causa tenha sido acidente do trabalho verificado pela negligência quanto às normas de segurança e higiene do trabalho. O benefício corresponde ao pagamento de prestação continuada de natureza alimentar, de sorte que o pedido abrangerá parcelas vincendas e, portanto, eventuais.

O direito à reparação, entretanto, é uno, em que pese a divisibilidade do valor, em razão de o pagamento do benefício ser feito mensalmente. Pleiteia-se, por outras palavras, o custo advindo do benefício, cuja obrigação que envolve INSS e segurado configura-se como de trato sucessivo. De toda sorte, ainda que não se saiba qual o seu termo final, o direito pleiteado é conhecido.

Nesse contexto, não há que se falar em ressarcimento decorrente de prejuízo que ainda não ocorreu nem se tem como verificar se ocorrerá, que consistiria nas parcelas vincendas.

Diversos são os benefícios passíveis a dar ensejo à Ação Regressiva, conforme abordado anteriormente: pensão por morte, aposentadoria por invalidez, auxílio-doença e auxílio-acidente.

Cada qual terá seu próprio desfecho. Assim, v.g., enquanto a pensão por morte cessará com a morte do beneficiário (art. 77, § 2º, da Lei n. 8.213/91), ou com a percepção de nova pensão mais vantajosa (art. 124, VI), o auxílio-doença poderá preceder um auxílio-acidente ou uma aposentadoria por invalidez, de sorte que os custos do INSS não se encerram com o término do primeiro benefício.

Somente serão objetos da ação os benefícios que tiverem como causa direta o acidente do trabalho. Assim, se o acidente deu ensejo, por exemplo, à concessão de aposentadoria por invalidez, vindo o segurado a falecer de causas naturais, não poderá o INSS pleitear os custos de eventual pensão por morte, mas somente do primeiro benefício.

Independentemente das circunstâncias que põem termo à prestação, é certo que nenhum dos benefícios será perpétuo. É certo, também, que, após seu deferimento, algum custo será imposto ao INSS, nem que seja referente ao pagamento do equivalente a um único dia de benefício, caso o momento da sua extinção coincida com a data inicial de vigência.

Assim, o direito postulado é o custo decorrente da concessão do benefício, e este fato é certo. Ocorrido acidente ocasionado por culpa da empresa e capaz de gerar benefício previdenciário, configurada estará a hipótese do pleito de reparação dos custos. Pouco importa o término do pagamento da prestação, pois a despesa é sempre certa, ainda que não se saiba seu termo final.

A causa de pedir da ação, portanto, iniciada com o acidente, exaure-se com a apreciação do pedido pelo INSS, pois neste momento tem ele conhecimento do acidente e possibilidade de avaliar se dele surgirão despesas ou não. Obviamente, julgada procedente a ação, não terá a empresa o dever de antecipar o pagamento, pois, se em um determinado mês ele não for realizado, não haverá o que ser reparado. Naturalmente, chegado o fim da obrigação do INSS com a vericação de qualquer das causas que encerram o benefício, igualmente esgota-se o dever da empresa de ressarci-lo.

2.2. Forma de Execução

Conforme explicitado, admitido como possível, o pedido da Ação Regressiva consistirá na reparação dos custos advindos do pagamento de benefício previdenciário, cuja causa tenha sido acidente ocorrido por culpa da empresa, caracterizada pela negligência na observação de normas de segurança e higiene do trabalho. Como o termo final do pagamento é incerto, igualmente será a extensão do dano.

A empresa deverá, portanto, efetuar o pagamento mensalmente, depois da realização do depósito do valor do benefício feito pelo INSS. Cessada a obrigação do INSS, igualmente cessa o dever da empresa de ressarci-lo.

A lei, contudo, não previu forma de execução específica, e o pagamento da prestação pelo INSS feito mensal e continuadamente determina que o ressarcimento a ser promovido pela empresa realize-se de igual forma, mormente pela dificuldade de mensuração da extensão do dano, que, ressalta-se à evidência, deverá ser apurado mensalmente até a extinção do benefício.

Sublinhe-se que a reparação paga pela empresa por meio da Ação Regressiva tem natureza diversa do benefício mantido pelo INSS. De fato, enquanto a primeira tem natureza indenizatória, o segundo reveste-se de verdadeira roupagem alimentar, por possibilitar ao segurado subsistência digna em razão da perda, temporária ou permanente, da sua fonte de renda.

Não obstante, há quem defenda, com intuito de assegurar a efetividade do provimento judicial, o reconhecimento do direito ao ressarcimento das parcelas vincendas por meio da constituição de fundo a ser mantido até o cancelamento dos benefícios.

Inexiste, entretanto, previsão legal para a constituição de capital ou motivos que ensejem este procedimento no universo da Ação Regressiva.

Deveras, a única possibilidade verificável para a constituição de capital com tais características encontra guarida no art. 475-Q, §§ 1º e 2º, do CPC. Esta hipótese, todavia, é restrita ao capítulo X do Código de Processo Civil e, destarte, exclusiva ao cumprimento de sentença, que fixa o pagamento de alimentos.

Assim dispõe o artigo citado:

Art. 475-Q. Quando a indenização por ato ilícito incluir prestação de alimentos, o juiz, quanto a esta parte, poderá ordenar ao devedor constituição de capital, cuja renda assegure o pagamento do valor mensal da pensão.

§ 1º Este capital, representado por imóveis, títulos da dívida pública ou aplicações financeiras em banco oficial, será inalienável e impenhorável enquanto durar a obrigação do devedor.

§ 2º O juiz poderá substituir a constituição do capital pela inclusão do beneficiário da prestação em folha de pagamento de entidade de direito público ou de empresa de direito privado de notória capacidade econômica, ou, a requerimento do devedor, por fiança bancária ou garantia real, em valor a ser arbitrado de imediato pelo juiz.

§ 3º Se sobrevier modificação nas condições econômicas, poderá a parte requerer, conforme as circunstâncias, redução ou aumento da prestação.

§ 4º Os alimentos podem ser fixados tomando por base o salário-mínimo.

§ 5º Cessada a obrigação de prestar alimentos, o juiz mandará liberar o capital, cessar o desconto em folha ou cancelar as garantias prestadas.

Dois, portanto, são os óbices para pleito semelhante a ser realizado na Ação Regressiva. Inicialmente, a adoção da medida deve ser feita, conforme adrede ressaltado, no bojo da execução das prestações, pois neste momento o juiz terá condições de determinar se a parte obrigada ao pagamento de alimentos poderá deixar de honrar com seu compromisso. Impor a medida antes da execução, no processo de conhecimento, implicaria na imposição de gravame, pela constrição prematura do patrimônio, além do que pautar-se-ia em condições perenes, por não se embasar em sentença de mérito, proferida e transitada em julgado, conforme exige o CPC.

Ademais, o art. 475-Q expressamente impõe a condição de que as prestações devidas a título de indenização sejam de natureza alimentícia, o que não ocorre no caso em tela.

A reparação a ser feita pela empresa, objeto da Ação Regressiva, não tem natureza alimentar, pois não constitui o pagamento do benefício propriamente dito, mas sim dos custos do INSS daí decorrentes.

Forma-se, no caso de verificação da contingência legalmente prevista (redução ou perda da capacidade laborativa), liame jurídico entre beneficiário e INSS, devendo este, com base nas contribuições que lhe foram previamente destinadas, pagar o benefício de natureza alimentar para o sujeito ativo da relação.

A ação com fundamento no art. 120 da Lei n. 8.213/91 presta-se para o ressarcimento das despesas com estes benefícios, em que pese a existência de custeio prévio, conforme disposto nos artigos 195 da CF e 22, II, da Lei n. 8.212/91.

Nesse sentido:

...

10. Os arts. 20, § 5º, e 475-Q do Código de Processo Civil (art. 602, antes da entrada em vigor da Lei n. 11.232/2005) preveem a condenação do devedor a constituir capital apenas quando se tratar de indenização por ato ilícito que inclua prestação de alimentos.

11. Não tendo a obrigação da ré caráter alimentar (reembolso dos valores despendidos pelo INSS), não há como lhe impor a constituição de capital (Remessa de ofício n. 200201990011196, 5ª Turma do TRF1, rel. Juiz João Batista Moreira, DJ 30.09.09, v.u.)

A prestação previdenciária possui, conforme ressaltado ao longo do estudo, características e regimes próprios, sendo devida pelo Estado e suportada na forma prevista no art. 195 da Constituição Federal. Estará a empresa, ainda, no caso de comprovação da sua culpa ou de dolo, sujeita à reparação por ato ilícito em favor do empregado, nos termos do art. 7º, XXVIII, da CF.

Assim, agindo com culpa ou dolo, sujeitar-se-á o empregador à reparação por ato ilícito sofrido pelo empregado, podendo, nesta hipótese, abranger o pagamento de alimentos, cuja execução poderia ser associada ao art. 475-Q do CPC.

Situação diversa, conforme se denota, é aquela configurada na relação que vincula a empresa ao INSS por meio da procedência da Ação Regressiva, pois seu único dever será o de reembolsar o Instituto, excluída, pois, a natureza alimentar destes valores. Em suma, o dispositivo em debate somente se aplica em favor do empregado em face da empresa, mas nunca para tutelar o direito do INSS.

2.3. Prescrição

O termo *prescrição* tem origem latina – *praescriptio* –, derivação do verbo *praescribere*, que significa escrever antes ou no começo. Tem seu nascimento no direito romano, desde a Lei das XII tábuas, com a aquisição da propriedade pelo uso da coisa durante dois anos e o correspondente direito daquele que possuísse justo título apresentar exceção obstativa da reivindicação do proprietário se sua posse datasse de dez anos, entre presentes, ou em vinte, se entre ausentes.[5]

---

(5) LEAL, Antônio Luís da Câmara. (Atualização José de Aguiar Dias). *Da Prescrição e da Decadência. Teoria Geral do Direito Civil*. 2. ed. Rio de Janeiro: Forense, 1959. p. 17/19.

A coincidência entre o termo prescrição com a forma de aquisição de direito, relevante por apresentar o berço do instituto, não foi encapada por nosso ordenamento jurídico, que adotou a teoria dualista, por meio da qual *prescrição* refere-se à forma extintiva de ações, que, ademais, é seu efeito imediato.

A inércia do titular é elemento marcante. Ela representa fenômeno subjetivo e voluntário, ao passo que o tempo, fenômeno objetivo, atuando ambos como meio de extinção da pretensão do titular do direito. Será contra esta inércia do titular, que deixa de proteger seu direito quando ameaçado ou violado, que a prescrição se dirige, porque há interesse social de ordem pública em extirpar a situação de incerteza e instabilidade, evitando que ela se prolongue indefinidamente.[6]

Destaca-se como motivação do instituto, pois, a promoção da ordem social com a pacificação de conflitos, não obstante outros pontos serem igualmente aventados pela doutrina. Neste sentido, CÂMARA LEAL, remontando às fontes do direito romano, aponta: a) a necessidade de fixar as relações jurídicas incertas, evitando as controvérsias; b) o castigo à negligência; c) o interesse público.[7]

Outros benefícios são indicados pela utilização de prazos para exercício de uma pretensão, tais quais o impedimento de o autor retardar maliciosamente a demanda a fim de dificultar a defesa, ou ainda evitar demandas de difícil solução pela antiguidade dos fatos.

Quatro serão as condições nucleares deste instituto:[8]

1. Existência de uma ação exercitável (*actio nata*);
2. Inércia do titular da ação;
3. continuidade dessa inércia durante um certo lapso de tempo;
4. ausência de causas preclusivas de seu curso.

Para melhor exegese dos efeitos da ação do tempo sobre o direito a ser perquirido na Ação Regressiva, cumpre serem traçadas breves linhas sobre a decadência, cujos efeitos diferem-se sobremaneira dos da prescrição: enquanto o primeiro instituto refere-se à constituição de um direito, a prescrição diz respeito ao direito de ação para salvaguarda de um direito.

---

(6) LEAL, Antônio Luís da Câmara, ob. cit., p. 22/24.

(7) Ob. cit., p. 28. Assevera, ainda o Autor que: "devemos reconhecer que o único fundamento aceitável da prescrição é o interesse jurídico-social.

"Tendo por fim extinguir ações, ela foi criada como medida de ordem pública, para que a instabilidade do direito não viesse a perturbar-se, com o sacrifício da harmonia social, que á base fundamental do equilíbrio sobre que se assenta a ordem pública".

"Não deixa de haver (...) uma certa penalidade indireta à negligência do titular (...) porque, com sua inércia obstinada, ele faltou ao dever de cooperação social, permitindo que sua negligência concorresse para a procrastinação de um estado antijurídico, lesivo à harmonia social" (ob. cit., p. 29/30).

(8) CÂMARA LEAL, ob. cit., p. 34.

Decadência tem como étimo o verbo italiano *cadere* (cair). Formado pelo prefixo latino *de* (de cima de) e pelo sufixo latino *entia*, que denota ação ou estado, literalmente representa a ação de cair ou estado daquilo que caiu.[9]

A decadência pode, então, ser definida como "o perecimento do direito, em razão do seu não exercício em um prazo predeterminado". O seu fundamento é, pois, não ter o titular utilizado de um poder de ação, dentro dos limites temporais estabelecidos[10], e, por se assentar na inércia, apresenta ponto de contato com a prescrição. Daí, ademais, ser unânime entre os escritores o reconhecimento, na prática, da dificuldade de distinção entre os dois institutos.[11]

A decadência pressupõe, portanto, a existência de um direito previamente constituído. Não há como iniciar prazo para o exercício de direito que ainda não existe, de forma que o termo *a quo* para sua contagem deverá ser sempre posterior ao preenchimento de todas as condições legalmente exigidas pelo titular.

Por seu turno, a prescrição tem sua definição extraída do art. 189 do Código Civil, que assim dispõe:

> Art. 189. Violado o direito, nasce para o titular a pretensão, a qual se extingue, pela prescrição, nos prazos a que aludem os arts. 205 e 206.

Conforme se denota, "para resguardar seus direitos, o titular deve praticar atos conservatórios, como: protesto, retenção (CC, art. 1.219), arresto, sequestro, caução fidejussória ou real, interpelações judiciais para constituir o dever de mora. E quando sofrer ameaça ou violação do direito, o direito subjetivo será protegido por ação judicial. Nasce, então, para o titular, a pretensão que se extinguirá nos prazos prescricionais arrolados nos arts. 205 e 206".[12]

Assim, a prescrição difere da decadência, pois enquanto na primeira o direito preexiste à ação e só aparece com a sua violação, na segunda a ação e o direito têm origem comum.[13]

Ambos os institutos, conforme asseverado, tratam dos efeitos do tempo sobre as relações jurídicas. Tendo este ponto comum, diversas são as diferenças entre eles, em que pese a dificuldade de, por vezes, como dito, diferenciá-los empiricamente. O erro em que comumente se incorre é apontar o efeito de cada um para distingui-los dizendo-se que a prescrição extingue a ação, enquanto a

---

(9) CÂMARA LEAL, ob. cit., p. 113.
(10) PEREIRA, Caio Mário da Silva. *Instituições de Direito Civil*, vol. I. Rio de Janeiro: Forense, 1971. p. 409/410.
(11) CÂMARA LEAL, ob. cit., p. 147.
(12) DINIZ, Maria Helena. *Novo Código Civil Comentado*. 5. ed., org. Ricardo Fiúza. São Paulo: Saraiva, 2006. p. 163.
(13) RODRIGUES, Silvio, *Direito Civil Parte Geral*, vol. 1. São Paulo: Editora Saraiva, 1994. p. 324.

decadência, o direito. O critério, todavia, é falho, pois o que se almeja saber é quando o prazo atinge a ação ou o direito.[14]

Para diferenciar com precisão os dois institutos, AGNELO AMORIM FILHO propõe que sejam observados segundo a natureza dos direitos subjetivos, que podem ser divididos em duas grandes categorias: a) o direito de conseguir prestação, positiva ou negativa, de outrem (direitos a uma prestação); b) direitos de influir, por uma declaração de vontade, sobre situações jurídica de terceiros (direito potestativo).[15]

Segundo o autor, o que prescreve não é a ação propriamente dita, mas a pretensão a ser exercida pela ação. Nesse sentido, ademais, prevê o Código Civil no seu art. 189.

Dividindo-se as ações em condenatórias, constitutivas ou declaratórias, conforme abordado alhures, corresponderão à proteção direta de uma pretensão somente as primeiras. Desta forma, somente elas se sujeitam a prazos prescricionais.

Conclui-se, pois, que todas as ações condenatórias, e somente elas, estão sujeitas à prescrição.[16]

Os direitos potestativos serão os únicos sujeitos a prazos decadenciais e, portanto, as únicas ações ligadas a este instituto serão as constitutivas, com prazos de exercício fixado em lei[17].

As ações declaratórias, por seu turno, não constituem direitos ou asseguram pretensões, mas tão somente visam à obtenção de segurança, pela proclamação jurídica da existência ou inexistência de determinada relação jurídica.

---

(14) AMORIM FILHO, Agnelo. *Critério Científico para Distinguir a Prescrição da Decadência e para Identificar as Ações Imprescritíveis*. Revista de Direito Processual Civil. São Paulo, v. 3, jan./jun. 1961. p. 95.

(15) Ob. cit., p. 97.

(16) AMORIM FILHO, Agnelo, ob. cit. p. 113.

(17) São exemplos, não exaustivos, de direitos potestativos, segundo AGNELO AMORIM FILHO, quando A ou B têm a faculdade de realizar a modificação na esfera jurídica que os envolvem em virtude de sua só vontade:

O poder que têm o mandante e o doador de revogarem o mandato e a doação; o poder que tem o cônjuge de promover a separação; o poder que tem o condômino de desfazer a comunhão; o poder que tem o herdeiro de aceitar ou renunciar a herança; o poder que têm os interessados de promover a invalidação dos atos jurídicos anuláveis (contratos, testamentos, casamentos, etc.); o poder que tem o sócio de promover a dissolução da sociedade civil; o poder que tem o contratante de promover a resolução do contrato por inadimplemento (art. 475, do Cód. Civil), ou por vícios redibitórios (art. 441); o poder de escolha nas obrigações alternativas (art. 252); o poder de interpelar, notificar, ou protestar, para constituir em mora; o poder de alegar compensação; o poder de resgatar imóvel vendido com cláusula de retrovenda; o poder de dar vida a um contrato mediante aceitação da oferta; o poder de requerer a interdição de determinadas pessoas; o poder de promover a rescisão das sentenças; o poder assegurado ao filho de desobrigar os imóveis de sua propriedade alienados ou gravados pelo pai fora dos casos permitidos em lei; o poder assegurado ao cônjuge ou seus herdeiros necessários para anular a doação feita pelo cônjuge adúltero ao seu cúmplice (ob. cit., p. 98/99).

Levando-se em conta que a prescrição e a decadência têm finalidade comum, que é a paz social, evidencia-se a desnecessidade de fixação de prazos para as ações declaratórias, pois, não produzindo elas qualquer modificação no mundo jurídico, seu exercício ou a falta dele não afetam, em nenhum aspecto, a paz social.[18]

A Ação Regressiva, ainda que a exemplo de todas as ações condenatórias possua certa carga declaratória (pois o juiz declara haver lesão ao patrimônio e estatui o direito ao ressarcimento), presta-se eminentemente à satisfação de uma pretensão jurídica, submetendo-se, pois, a prazos prescricionais.

De fato, tem ela por objeto o ressarcimento dos valores pagos a título de benefício previdenciário concedido em razão de acidentes de trabalho ocorridos por negligência do empregador. A natureza do prazo a ser observado pelo autor para satisfação do seu direito é, pois, como dito, prescricional.

Inicialmente deve ser salientado que a Ação Regressiva não é imprescritível, afastando-se o disposto no art. 37, § 5º da CF, que prevê:

> Art. 37. A administração pública direta e indireta de qualquer dos Poderes da União, dos Estados, do Distrito Federal e dos Municípios obedecerá aos princípios de legalidade, impessoalidade, moralidade, publicidade e eficiência e, também, ao seguinte:
>
> ...
>
> § 5º – A lei estabelecerá os prazos de prescrição para ilícitos praticados por qualquer agente, servidor ou não, que causem prejuízos ao erário, ressalvadas as respectivas ações de ressarcimento.

Ainda que não de forma uníssona,[19] entende-se que o dispositivo determina a imprescritibilidade para ações de reparação do erário, por atos praticados por agentes públicos. Representa exceção à regra de que o titular de um direito submete-se a determinado prazo para exercê-lo em atenção à segurança jurídica, em

---

(18) Conclui o autor, em suma, que:

1ª) Estão sujeitas a prescrição (indiretamente, isto é, em virtude da prescrição da pretensão a que correspondem): – todas as ações condenatórias, e somente elas;

2ª) Estão sujeitas a decadência (indiretamente, isto é, em virtude da decadência do direito potestativo a que correspondem): – as ações constitutivas que têm prazo especial de exercício fixado em lei;

3ª) São perpétuas (imprescritíveis): – a) as ações constitutivas que não têm prazo especial fixado em lei; e b) todas as ações declaratórias (AMORIM FILHO, Agnelo, ob. cit., p. 132).

(19) AGNELO AMORIM FILHO categoricamente afirma que *todas* as ações condenatórias estão sujeitas a prescrição (ob. cit., p. 113). Inobstante, o STF já assentou que "as ações que visam ao ressarcimento do erário são imprescritíveis" (Agravo Regimental no Agravo de Instrumento n. 712435, 1ª Turma do STF, DJe Divulgação 11.04.12.

Cabe, todavia, consignar a controvérsia da matéria, expressada pelo voto divergente do Min. Marco Aurélio: "De qualquer forma, essa matéria, alusiva ao artigo 37, § 5º, da Constituição Federal, ainda está em aberto. O preceito não encerra, no tocante a ação por danos, a imprescritibilidade, já que nem mesmo o homicídio é imprescritível".

razão da relevância do prejuízo causado por quem age em nome do Poder Público e ilicitamente causa prejuízo ao tesouro.

De toda sorte, ainda que se entenda pela imprescritibilidade do ressarcimento dos danos causados ao erário, o dispositivo não é aplicável ao caso das ações regressivas.

Agente público é toda pessoa física incumbida, ainda que transitoriamente, do exercício de alguma função estatal. O cargo, pois, pertence ao Estado e não ao agente.[20]

Segundo definição de MARIA SYLVIA ZANELLA DI PIETRO, "é toda pessoa física que presta serviços ao Estado e às pessoas jurídicas da administração indireta", podendo ser agentes políticos, servidores públicos ou particulares em colaboração com o poder público[21].

Como exceção à regra e aplicável à administração pública que, ademais, representa o interesse da coletividade, o comando deve ser interpretado restritivamente, repelindo de sua incidência situações outras que não se amoldem com perfeição aos seus contornos. Há, no dispositivo, conjunção de diversos fatores para que a ação seja imprescritível, merecendo destaque os seguintes núcleos contidos na norma, que deverão ser concorrentemente observados: a) ato ilícito; b) agente público; c) prejuízo ao erário; d) ações de ressarcimento.

Assim, não se poderia alegar a imprescritibilidade simplesmente pelo fato de a ação a ser intentada ter finalidade de recomposição de prejuízo causado ao erário, pois, caso assim fosse, toda e qualquer ação, ainda que envolvendo particulares, desde que se prestasse a ressarcimento do tesouro, seria imprescritível, hipótese que pode ser de plano descartada, v. g., pela observação dos casos de sonegação.

De qualquer modo, as empresas particulares que desenvolvem atividade própria não se encontram investidas de função pública de forma a possibilitar a aplicação do referido dispositivo constitucional, que expressamente não é dirigido aos particulares.

O reembolso das despesas em razão do prejuízo causado pela empresa tem eminentemente, conforme aduzido em tópico específico, natureza civil, cujo prazo prescricional encontra correspondência no conteúdo do art. 206, § 3º, V, do Código Civil:

Art. 206. Prescreve:

...

§ 3º Em três anos:

---

(20) MEIRELLES, Hely Lopes. *Direito Administrativo Brasileiro*. 32. edição. Atualizada por Eurico de Andrade Azevedo, Délcio Balestero Aleixo e José Emmanuel Burle Filho. São Paulo: Malheiros, 2006. p. 75.

(21) *Direito Administrativo*. 12. ed. São Paulo: Atlas, 2000. p. 416.

...

V – a pretensão de reparação civil;

A natureza civil da reparação sobressalta-se ainda com maior evidência para as ações ajuizadas para ressarcimento dos acidentes de trânsito em face de particulares bem como para os de violência doméstica, que sequer possuem previsão específica na legislação previdenciária, tal qual ocorre com a Ação Regressiva propriamente dita, aventada no art. 120 da Lei n. 8.213/91.

Deve, ainda, ser descartada a possibilidade de o prazo prescricional não alcançar as parcelas vincendas sob a errônea alegação de se tratarem de prestações de trato sucessivo. Duas são as naturezas e características dos valores a serem pagos: a) uma relação de natureza previdenciária e alimentar de trato sucessivo ocorre entre beneficiário e INSS; b) outra, de natureza civil e indenizatória, envolve o INSS e a empresa. Ainda que a existência da segunda dependa do estabelecimento da primeira, com ela não se confunde.

O direito a ser pleiteado pelo INSS é único e corresponde aos gastos advindos do benefício deferido em razão do acidente. Ainda que o termo final do benefício não seja de conhecimento das partes, o direito ao ressarcimento nasce com a sua concessão, de sorte que todas as parcelas seguintes encontrar-se-ão abrangidas pelo decurso do prazo.

Na mesma esteira, o direito não se renova a cada prestação realizada e a condenação judicial à devolução do equivalente aos valores a serem gastos pela concessão do benefício abrangerá todos os pagamentos que o INSS realizar futuramente.

Assim, o termo inicial da contagem do prazo prescricional deve ser aquele referente ao momento em que o autor (INSS) tem o conhecimento do fato e do dano que pretende ver reparado. Este momento se dá com o deferimento do benefício ao segurado, que, frise-se, deverá ocorrer em até quarenta e cinco dias da apresentação da documentação necessária (art. 41-A, § 5º, da Lei n. 8.213/91). Em suma, portanto, apreciado favoravelmente o pedido, ou decorrido o referido limite de quarenta e cinco dias, inicia-se a contagem do prazo prescricional para ingresso da Ação Regressiva.

Nesse sentido, reiteradamente firmaram posicionamento os tribunais pátrios, asseverando que, por se tratar de responsabilidade civil, a prescrição é aquela prevista no Código Civil:

> ADMINISTRATIVO. INSS. AÇÃO REGRESSIVA DE COBRANÇA. BENEFÍCIO DE PENSÃO POR MORTE ACIDENTÁRIA. RESPONSABILIDADE DA RÉ. NEGLIGÊNCIA. DESCUMPRIMENTO DE NORMAS DE SEGURANÇA. PRESCRIÇÃO. INEXISTENTE SITUAÇÃO DO ART. 37, 5º, CF. PRAZO. ART. 206, 3º CÓDIGO CIVIL.
>
> - Trata-se de ação regressiva de cobrança proposta pelo INSS, objetivando o ressarcimento de todos os gastos com o benefício, sustenta a parte-Autora que, no dia 14.06.2002, ocorreu um acidente de trabalho, vitimando fatalmente o Sr. RONNI DA SILVA RODRIGUES. Em função disso o INSS paga, à dependente do falecido segurado,

o benefício mensal de pensão por morte acidentária, defendendo a responsabilidade da empresa-ré, nos termos dos arts. 186 e 927 do CC e dos arts. 120 e 121 da Lei n. 8.213/91, por não observar as normas de segurança e medicina do trabalho. Alega que o empregado acidentado não foi treinado e orientado adequadamente para o desempenho da tarefa, bem com as empresas não adotaram as medidas necessárias para neutralizar as condições inseguras de trabalho, violando diversas normas regulamentadoras.

-Reconhecendo a prescrição, foi o feito julgado extinto nos termos do art.269, IV do CPC.

– A irresignação merece prosperar parcialmente.

– Destarte, a uma, não se cuida de situação delineada no âmbito do 5º, do art. 37, do Texto Básico, porquanto este pressupõe a ocorrência de que o causador do dano, ostente a qualidade de agente, servidor, ou não, o que indica a necessidade de prévio vínculo daquele com o Poder Público, e que, em função desta situação, venha a gerar o ressarcimento reclamado, o que se configura na hipótese; a duas, que a regra do art. 205, do Código Civil, impõe a inexistência de prazo legal menor, e no caso existe o do art. 206, 3º, V, do mesmo Diploma Legislativo; a três, que a aplicação da regra do art. 1º, do Decreto n. 2.0910/32, em relação apenas às parcelas que se vencerem no lustro que antecedeu ao ajuizamento da ação, não se coaduna com o pedido principal de ressarcimento, de uma só vez, de todos os gastos já efetuados com o benefício acidentário já concedido (NB 1225569947 – pensão por morte por acidente de trabalho) desde o primeiro pagamento pelo INSS até a liquidação da sentença; a inautorizar o reconhecimento, *in casu*, do trato sucessivo acenado;

(TRF 2ª Região, 8ª Turma, AC 200850010104120, Rel. Des.Fed. Poul Erik Dyrlund, j. 11.05.2010, DJe 20.05.2010)

Sublinhe-se, ainda, que verificada a aplicação do art. 206 do Código Civil à Ação Regressiva, restará excluída a utilização de outros dispositivos por analogia, mecanismo cujo emprego restringe-se ao caso de omissão da lei (art. 4º da LICC).

Nesse sentido, deve ser afastada a incidência do prazo de cinco anos previsto no art. 1º do Decreto n. 20.910, de 6 de janeiro de 1932[22], cuja aplicação limita-se às ações contra a Fazenda.

Em relação a este ponto, cumpre consignar o pronunciamento do STJ no sentido de que, nas ações contra a Fazenda Pública, não seria aplicável o Código Civil. Chegou-se, para tanto, a afirmar que nestes casos aplica-se o prazo prescricional quinquenal, nos termos do art. 1º do Decreto n. 20.910/32, *pois o Código Civil é um diploma legislativo destinado a regular as relações entre particulares, não tendo invocação nas relações do Estado com o particular.*[23]

---

(22) Art. 1º – As Dividas Passivas da União, dos Estados e dos Municípios, bem assim todo e qualquer direito ou ação contra a Fazenda Federal, Estadual ou Municipal, seja qual for a sua natureza, prescrevem em cinco anos contados da data do ato ou fato do qual se originarem.

(23) Agravo Regimental em Recurso Especial n. 131.894, 2ª Turma do STJ, Relator Ministro Humberto Martins, DJ-e 26.04.12, v.u.

Em que pese ter o STJ firmado posicionamento no sentido de que o prazo prescricional de ação de indenização movida por particulares em face da Fazenda Pública é de cinco anos por força do referido Decreto, nada obsta que o Código Civil seja aplicado nas relações com o Poder Público, conforme ademais consta de previsão de diversos de seus artigos.

Nesse sentido, aliás, deu-se outro julgado mais recente, lavrado pela mesma Corte, que, ao defender igualmente que o prazo para propositura de ação de indenização movida em face da Fazenda Pública é de cinco anos, afirma que:

> (...) é importante consignar que não está sendo afirmado que o Código Civil somente é aplicável ao regramento de questões de natureza privada, pois regulam importantes aspectos de direito público. Todavia, justamente por regular questões de natureza eminentemente de direito privado, os dispositivos que abordam temas de direito público no Código Civil de 2002 são expressos ao afirmarem que a norma rege "as pessoas jurídicas de direito público" (art. 43 do CC), os "bens públicos" (art. 99 do CC) e a "Fazenda Pública"
>
> (art. 965, VI, do CC), entre outros exemplos contidos no referido diploma.[24]

Outros exemplos de aplicação do direito privado para as relações públicas podem ser extraídos do conteúdo dos artigos 109 e 110 do CTN, que dispõem:

> Art. 109. Os princípios gerais de direito privado utilizam-se para pesquisa da definição, do conteúdo e do alcance de seus institutos, conceitos e formas, mas não para definição dos respectivos efeitos tributários.
>
> Art. 110. A lei tributária não pode alterar a definição, o conteúdo e o alcance de institutos, conceitos e formas de direito privado, utilizados, expressa ou implicitamente, pela Constituição Federal, pelas Constituições dos Estados, ou pelas Leis Orgânicas do Distrito Federal ou dos Municípios, para definir ou limitar competências tributárias.

Duas afirmações podem ser extraídas dos comentários até então tecidos: *a)* aplicação do Decreto n. 20.910/32 para os direitos de ação dos particulares em face da Fazenda, inclusive nos casos de indenização, em razão da especificidade deste diploma em relação ao Código Civil; *b)* a possível aplicação do Código Civil para as relações firmadas com o Poder Público.

Denota-se, pois, diferença no tratamento conferido aos particulares com aquele aplicado ao INSS no tocante às ações de indenização, pois sofrerão os primeiros incidência de prazo prescricional de cinco anos (art. 1º do Decreto n. 20.910/32), enquanto, de outro lado, sujeitar-se-á a Autarquia a prazo inferior, de somente três anos, por força do que dispõe o Código Civil.

---

(24) Recurso Especial n. 1.251.993, 1ª Seção do STJ, Relator Ministro Mauro Campbell Marques, DJ-e 19.12.12, v.u.

Não há, todavia, ao contrário do que foi indicado pelo STJ[25], violação do princípio da isonomia. A maior facilidade do INSS por contar com corpo jurídico próprio ao ser representado por procuradores federais, que têm, por óbvio, conhecimento técnico, de início já o coloca em posição diferenciada em relação aos indivíduos comuns. Ademais, é o INSS quem se encarrega da apreciação de benefícios previdenciários analisando a documentação pertinente, que, ao final, servirá para embasar eventual Ação Regressiva por ele proposta. Possui, ainda, maior facilidade para firmar convênios com outros órgãos e instituições, como o MTB, de sorte a munir-se de dados necessários para ingresso da ação.[26]

---

(25) O STJ indicou no REsp n. 1349481 que a aplicação do Decreto n. 20.910/32 traria isonomia para o a ação regressiva proposta pelo INSS. Todavia, conforme os argumentos trazidos no presente trabalho, este posicionamento, *data venia*, não se sustenta. Entendeu-se, neste julgado que:

(...) PRAZO PRESCRICIONAL. ART. 1º DO DECRETO N. 20.910/32. APLICABILIDADE.

...

3. É quinquenal o prazo prescricional para as ações ajuizadas pela Fazenda Pública contra os administrados. Princípio da Isonomia.

... (REsp n. 1349481, 2ª Turma do STJ, Rel. Min. OG Fernandes, DJ 17.12.13. v.u.).

(26) Nesse sentido, o Procurador Fernando Maciel, em entrevista realizada para Rádio Previdência, em 1º de fevereiro de 2012, afirmou, no tocante às ações regressivas movidas para acidentes de trânsito, que "a seleção desses casos está sendo obtida através de parcerias que a Procuradoria Federal está firmando tanto com o DPVAT quanto com o Ministério Público dos estados e também com a Polícia Rodoviária Federal". Disponível no sítio eletrônico <http://blog.previdencia.gov.br/?p=358>, visitado em 14.01.13.

No mesmo sentido determina a Portaria Conjunta n. 6, de 18 de janeiro de 2013:

Art. 14. As provas da ocorrência do ato ilícito poderão ser obtidas, sem prejuízo de outros modos determinados pelas circunstâncias dos fatos, da seguinte forma:

I – no caso de acidente de trabalho, preferencialmente:

a) por encaminhamento espontâneo, ou mediante solicitação, de laudo de análise de acidente à Superintendência Regional do Trabalho e Emprego da localidade;

b) por solicitação aos órgãos do Ministério Público Estadual ou do Distrito Federal e Territórios, Ministério Público do Trabalho, Polícia Civil, Fundação Jorge Duprat Figueiredo de Saúde e Segurança do Trabalho – FUNDACENTRO, Sindicatos e outras entidades que porventura disponham de elementos probatórios;

c) por meio de pesquisas e requerimentos aos órgãos jurisdicionais da Justiça dos Estados ou Distrito Federal e Territórios, ou da Justiça do Trabalho a respeito de eventuais ações de indenização;

II – nos casos de crimes de trânsito, preferencialmente:

a) por encaminhamento espontâneo, ou mediante solicitação, de denúncias ao Ministério Público dos Estados ou do Distrito Federal e Territórios;

b) por encaminhamento espontâneo, ou mediante solicitação, de laudos e documentos aos órgãos responsáveis pela regulamentação e fiscalização do trânsito, bem como a polícia civil;

c) por meio de pesquisas e requerimentos aos órgãos jurisdicionais a respeito de eventuais ações de indenização.

III – nos demais casos, preferencialmente:

a) por encaminhamento espontâneo, ou mediante solicitação, de denúncias ao Ministério Público dos Estados ou do Distrito Federal e Territórios;

Descabida, por fim, a aplicação do art. 104 da Lei n. 8.213/91, que estabelece prazo prescricional de cinco anos para o segurado pleitear prestações referentes a acidentes de trabalho, contados da data do acidente, quando dele resultar a morte ou a incapacidade temporária (I), ou da data em que for reconhecida pela Previdência Social, a incapacidade permanente ou o agravamento das sequelas do acidente (II).

Situação diversa refere-se ao prazo prescricional do direito do INSS *de executar* a empresa que, condenada em sede de Ação Regressiva, frustrar o pagamento do valor devido para determinado mês.

Conforme sustentado, a execução do julgado deve dar-se mês a mês, depois da realização do pagamento do valor do benefício pelo INSS ao segurado, por não ser possível falar-se em reembolso de valores que não foram gastos. Caso a empresa não realize um ou mais dos pagamentos que deveria, o INSS terá, para cada um dos momentos de inadimplência, prazo de três anos para executar forçadamente o adimplemento da obrigação.

Nesse sentido dá-se a Súmula n. 150 do STF, cujo verbete determina que "prescreve a execução no mesmo prazo de prescrição da ação".

Deve, por fim, ser ressaltado que, por tratar-se de ressarcimento decorrente de ilícito civil, a prescrição alcança, como não poderia deixar de ser, o fundo de direito, e não somente as parcelas vencidas.

Nesse sentido:

PROCESSUAL CIVIL. (...) RESSARCIMENTO DE VALORES DESPENDIDOS COM BENEFÍCIO PREVIDENCIÁRIO. NATUREZA JURÍDICA DO VÍNCULO EXISTENTE ENTRE O INSS E A EMPRESA EMPREGADORA DO SEGURADO.

1. A relação de trato sucessivo que se verifica na espécie diz com aquela entabulada entre a autarquia federal e o seu beneficiário, de natureza eminentemente previdenciária. A relação jurídica entre o INSS e a empresa SADIA S.A., por sua vez, é relação jurídica instantânea de efeitos permanentes. Em tal conformação, caracterizada a conduta omissiva da empresa ré com produção na esfera jurídica da autarquia federal acionada ao pagamento de benefício previdenciário pelo seu segurado, vítima daquela conduta omissiva –, têmse nessa data o termo inicial do prazo prescricional à ação de regresso. O protraimento no tempo da relação previdenciária deflagrada a partir de então, não transmuda a natureza instantânea da relação estabelecida entre o INSS e a empresa Sadia S.A, inexistindo na espécie, pois, hipótese de incidência da orientação da Súmula n. 85 do Superior Tribunal de Justiça na espécie. (...) (TRF4,

---

b) por meio de pesquisas e requerimentos aos órgãos jurisdicionais a respeito de eventuais ações de indenização;

Parágrafo único. Relativamente ao inciso I, os procuradores federais oficiantes na execução fiscal trabalhista deverão encaminhar aos órgãos responsáveis pelas ações regressivas previdenciárias as decisões judiciais de que tomarem conhecimento quando estas resultarem em condenação por descumprimento de normas de saúde e segurança do trabalho.

3ª Turma, ED em Agravo em AC n. 500015342.2010.404.7212/SC, Rel. Des. Federal CARLOS EDUARDO THOMPSON FLORES LENZ, j. 19.04.2011).

Neste ponto, ademais, decidiu o STF pela decadência do direito de rever o ato concessório dos benefícios, quando do julgamento do Recurso Extraordinário n. 626.489, com repercussão geral, asseverando ser "legítima, todavia, a instituição de prazo decadencial de dez anos para a revisão de benefício já concedido, com fundamento no princípio da segurança jurídica, no interesse em evitar a eternização dos litígios e na busca de equilíbrio financeiro e atuarial para o sistema previdenciário".

Se a máxima de segurança jurídica deve ser aplicada à relação de benefícios, com muito mais razão deve ser igualmente apreciada no que diz respeito ao direito do INSS de reaver os valores pagos com benefícios acidentários.

2.4. Competência

Se a jurisdição consiste no poder do estado de "dizer o direito", conforme adrede aduzido, competência é a delimitação da jurisdição. Assim, "diz-se que um juiz é *competente* quando, no âmbito de suas atribuições, tem poderes jurisdicionais sobre determinada causa".[27]

MOACYR AMARAL DOS SANTOS estabelece três critérios determinativos para a distribuição da competência pelos órgãos da jurisdição: a) critério objetivo, que atende a elementos externos à lide, quais sejam, a natureza da causa (absoluta – art. 111 do CPC), o seu valor (relativa – art. 111 do CPC) e a condição das pessoas em lide (absoluta – art. 111 do CPC); b) critério territorial (relativa – art. 111 do CPC); c) critério funcional, que obedece às funções da cada juiz no processo, como os de primeiro grau e os que detêm competência recursal (absoluta – art. 111 do CPC).[28]

Na Ação Regressiva, conforme asseverado, figurará o INSS como autor e a empresa causadora do acidente que deu ensejo a benefício ou serviço previdenciário como ré.

Foi aduzido que a pertinência temática do INSS, para figurar no polo ativo da demanda, decorre da sua responsabilidade do gerenciamento dos recursos previdenciários, em atenção ao que dispõe o art. 68, §§ 1º e 2º, da LC n. 101/00, bem como pelo que prescreve o art. 2º, § 1º, da Lei n. 11.457, de 16 de março de 2007. Sendo assim, mesmo que não tenha mais prerrogativa para atuar como sujeito ativo da relação tributária, continua sendo responsável pela administração do pagamento dos benefícios previdenciários e controlando o fundo mantenedor das correspondentes prestações, ligando-se, pois, aos valores devidos aos cofres da Previdência Social.

---

(27) Moacyr Amaral dos Santos, ob. cit., p. 201.

(28) Ob. cit., p. 203/207.

A pretensão do INSS, em que pese a argumentação em sentido contrário apresentada no presente estudo, diz respeito à recuperação dos valores que desembolsou em razão da concessão de benefícios que se originaram na relação estabelecida entre empregador e empregado, verificada culpa do primeiro.

Competirá a Justiça do Trabalho, nos termos do art. 114, processar e julgar as ações oriundas da relação de trabalho, nos seguintes termos:

> Art. 114. Compete à Justiça do Trabalho processar e julgar:
>
> I as ações oriundas da relação de trabalho, abrangidos os entes de direito público externo e da administração pública direta e indireta da União, dos Estados, do Distrito Federal e dos Municípios;
>
> II as ações que envolvam exercício do direito de greve;
>
> III as ações sobre representação sindical, entre sindicatos, entre sindicatos e trabalhadores, e entre sindicatos e empregadores;
>
> IV os mandados de segurança, habeas corpus e habeas data, quando o ato questionado envolver matéria sujeita à sua jurisdição;
>
> V os conflitos de competência entre órgãos com jurisdição trabalhista, ressalvado o disposto no art. 102, I, o;
>
> VI as ações de indenização por dano moral ou patrimonial, decorrentes da relação de trabalho;
>
> VII as ações relativas às penalidades administrativas impostas aos empregadores pelos órgãos de fiscalização das relações de trabalho;
>
> VIII a execução, de ofício, das contribuições sociais previstas no art. 195, I, *a*, e II, e seus acréscimos legais, decorrentes das sentenças que proferir;
>
> IX outras controvérsias decorrentes da relação de trabalho, na forma da lei.
>
> ...

Por relações de trabalho entendam-se aquelas firmadas entre empregado e empregador, tendo por base o contrato de trabalho e regidas pela CLT, de sorte a envolver os vínculos empregatícios.

A possibilidade da *vis atratactiva* da competência da Justiça do Trabalho ser aplicável para julgamento da Ação Regressiva apresenta-se pela dicção do inciso VI do artigo citado, que contempla as ações de indenização por dano moral ou patrimonial, decorrentes da relação de trabalho.

Obviamente, o debate da competência pressupõe a viabilidade de interposição da ação. Não no plano processual, pois neste liame deverá o juiz inicialmente dar-se por competente para depois apreciar a causa, mas do ponto de vista metodológico, para se definir a competência de um ou outro órgão para julgamento de certa ação, implicitamente atesta-se que esta demanda existe. A análise neste ponto, portanto, será feita imaginando-se a viabilidade da ação, não obstante argumentos em sentido contrário trazidos anteriormente.

Feita esta ressalva, é possível afirmar que a Ação Regressiva se presta ao ressarcimento do INSS pelos danos que sofreu em decorrência do pagamento do benefício acidentário. A origem da prestação é o da relação de emprego. Não fossem pelos serviços prestados pelo empregado ao empregador, inexistiria a concessão do benefício.

Não obstante, verificamos que a relação de trabalho concorre de forma mediata para a lesão sofrida pela Previdência Social. Diferentemente ocorre com o dano diretamente sofrido pelo empregado. A Previdência Social, representada neste caso pelo INSS, não participa da relação firmada entre empresa e trabalhador, sofrendo consequências por vias reflexas, mas, repita-se, alheias a este liame.

O dano sofrido será de natureza civil, conforme pacificado na jurisprudência (*vide* item 4 do Capítulo III). Entretanto, igualmente será aquele experimentado pela vítima do acidente e que, de toda forma, deverá ajuizar o pleito em face do empregador na Justiça do Trabalho por força do que dispõe o art. 114, VI, da CF.

Nesse sentido:

"Para o desfecho da lide, visando à reparação do dano moral praticado em qualquer fase do contrato de trabalho, conforme o entendimento sedimentado pelo Supremo Tribunal Federal, não importa que a questão seja de índole civil, mas, sim, que o pedido seja feito em razão da relação de emprego, ou nela tenha seu nascedouro e fundamento, definindo-se a competência da Justiça do Trabalho em razão do conteúdo trabalhista da lide."[29]

O elemento que permite distinguir o motivo pelo qual o art. 114 atrai para a competência da Justiça do Trabalho as ações que envolvam lesão ao patrimônio do empregado, mas não da Previdência Social, não diz respeito à natureza do dano propriamente dito, mas sim ao fato de que o primeiro está diretamente vinculado à relação trabalhista e o segundo não.

As relações de trabalho são as de emprego, ou seja, de trabalho subordinado por conta alheia. Correspondem ao conceito deste ramo da ciência jurídica que envolve o arcabouço de princípios e normas aptos para a proteção e tutela do trabalho.[30] Somente se inserem com precisão no domínio da Justiça do Trabalho os que se vinculam diretamente pelo exercício do trabalho.

Em suma, o dano sofrido pelo empregado, de natureza civil, tem como sujeitos (ofensor e ofendido) aqueles que se ligam diretamente pelo contrato laboral. O INSS, por seu turno, alheio a esta avença, não terá seu direito socorrido pela Justiça do Trabalho, em que pese o ato ilícito que deu causa ao benefício ter ocorrido no exercício das atividades laborais.

---

(29) COSTA, Walmir Oliveira da. *Dano Moral nas Relações de Trabalho: questões controvertidas após a emenda Constitucional n. 45*. Revista do TST, vol. 73, n. 2, Brasília, abr./jun. 2007. p. 109/110.

(30) CARRION, Valentin. Ob. cit., *p. 29*.

De outro lado, a competência atribuída à Justiça Federal decorre do interesse da União ou de suas autarquias, tanto nas condições de autoras como rés. Nesse sentido dispõe o art. 109 da CF:

Art. 109. Aos juízes federais compete processar e julgar:

I – as causas em que a União, entidade autárquica ou empresa pública federal forem interessadas na condição de autoras, rés, assistentes ou oponentes, exceto as de falência, as de acidentes de trabalho e as sujeitas à Justiça Eleitoral e à Justiça do Trabalho;

...

O interesse do INSS resulta, conforme aduzido, da necessidade de recomposição do seu patrimônio, acomodando-se aos ditames previstos no artigo adrede citado.

A Ação Regressiva, por fim, não se enquadra na hipótese prevista no art. 109, I, da Carga Magna, que determina a competência da Justiça Estadual para as ações acidentárias em que se discute a concessão do benefício.

Nesse sentido:

1. A discussão noticiada no presente instrumento diz respeito à definição da competência para o processamento e julgamento de ação regressiva de reparação de danos decorrentes de acidente de trabalho proposta pelo Instituto Nacional do Seguro Social em face do empregador com fulcro nos arts. 120 e 121 da Lei n. 8.213/91.

2. Não se trata de "ação oriunda da relação de trabalho" – o que em tese justificaria a competência da Justiça do Trabalho por invocação ao art. 114 da Constituição Federal, com a redação dada pela Emenda Constitucional n. 45/2004 – mas de ação de indenização contra o causador do dano, ou seja, matéria de responsabilidade civil.

3. Considerando-se que a ação é promovida por autarquia federal, tem incidência no caso o art. 109, inciso I, da Constituição Federal.

4. Cumpre registrar ainda que as causas acidentárias referidas na parte final do inciso I do art. 109 da Constituição Federal são aquelas em que o segurado discute com o Instituto Nacional do Seguro Social controvérsia acerca de benefício previdenciário, matéria absolutamente distinta da tratada na ação originária.

5. Assim, nos termos da primeira parte do art. 109, I, da Constituição Federal, o feito de origem deve se processar perante a Justiça Federal.

6. Agravo de instrumento provido. (AI 00010818120084030000, Desembargador Federal Johonsom Di Salvo, 1ª Turma do TRF da 3ª Região, e-DJF3 Judicial 1 02.09.2009, p. 132).

No mesmo sentido entendeu a Procuradoria Federal, conforme pronunciamento exarado por meio da Portaria Conjunta n. 6, de 18 de janeiro de 2013:

Art. 16. A ação será ajuizada perante a Justiça Federal no foro do domicílio do réu.

§ 1º Quando o réu for pessoa jurídica e possuir estabelecimentos em lugares diferentes, o ajuizamento deverá ser realizado no foro do domicílio do estabelecimento onde tiver ocorrido o ato ilícito.

§ 2º Quando houver vários réus, será ajuizada a ação no foro do local do ilícito.

§ 3º Quando houver vários réus sem que nenhum deles tenha domicílio no local do ilícito, deverá será ajuizada a ação, preferencialmente, perante o foro daquele que tiver o domicílio mais próximo.

2.5. Inversão do Ônus da Prova

Poderia ser aventada a possibilidade de inversão do ônus da prova em favor do autor da Ação Regressiva, para desincumbi-lo de comprovar os fatos alegados, em razão de eventual impossibilidade de serem evidenciados pelo INSS.

Contudo, já de início, pode-se aduzir que a inversão do ônus da prova não se mostra aplicável ao presente caso, em que deve figurar a tradicional valoração prevista no art. 333 do CPC, que dispõe:

Art. 333. O ônus da prova incumbe:

I – ao autor, quanto ao fato constitutivo do seu direito;

II – ao réu, quanto à existência de fato impeditivo, modificativo ou extintivo do direito do autor.

Conforme a usual carga imposta às partes, caberá a quem postula a comprovação dos fatos constitutivos do seu direito e ao réu os fatos que se contrapõem as alegações do autor.

Sublinhe-se que ônus diferencia-se do dever, pois, ao contrário deste, não impõe sanção para aquele que deixa de cumpri-lo. Desta forma, quem não comprovar suas alegações sofrerá as consequências da não constituição do direito, sistemática apontada pelo art. 333 adrede mencionado. Assim, ao juiz caberá, quando proferir a sentença, analisar as provas que foram produzidas de sorte a formar sua convicção e apontar a quem o direito socorrerá. Somente no caso de não restar comprovado determinado fato é que a regra do art. 333 entrará em ação, recaindo o fardo sobre aquele que devendo provar sua alegação não o fez.

O instituto da inversão, ademais, possui relevo nas relações de consumo, em que uma das partes é tecnicamente hipossuficiente, o que não se vislumbra no caso das ações regressivas, pois o INSS é gabaritado, por meio de seus diversos órgãos e das unidades descentralizadas que compõem sua estrutura organizacional,[31] a

---

(31) *Vide* art. 2º do Decreto n. 7.556, de 24 de agosto de 2011.

promover a comprovação de fatos relativos a acidentes de trabalho, conforme se verifica, v.g., nos vários processos de concessão de benefício acidentário do qual faz parte, tanto na esfera administrativa quanto judicial.

Por fim, cumpre salientar que a atribuição do ônus da prova é regra de julgamento. Deveras, unicamente quando todas as provas foram produzidas, e exaurida a fase instrutória, caberá ao juiz, no momento da prolação da sentença, verificar qual o direito a ser tutelado: aquele postulado pelo autor na inicial ou sua contraposição feita pelo réu na contestação. Somente no caso de não ter como responder a esta indagação de forma plena, e em razão da escassez de provas, é que deverá utilizar-se das regras de distribuição ônus *probandi*, nos termos do art. 333 do CPC.

Conclusão

Tanto o seguro privado quanto o social representam mecanismos criados pelo homem para se proteger dos infortúnios causados pelo risco. Em linhas gerais, ambos se socorrem da quotização para gerenciá-lo.

A Ação Regressiva, na forma como proposta pelo legislador ordinário, deverá ser intentada pela Previdência Social por prejuízos decorrentes da concessão de benefícios ou prestação de serviços, advindos de acidentes ocorridos no seio do meio ambiente do trabalho e em desatenção às normas de segurança e higiene do trabalho pelo empregador.

Mostra-se possível, dentro de certas limitações, estabelecer paralelo entre o seguro do direito civil e a Previdência Social a fim de constatar se a pretensão deduzida por meio desta ação resvala na lógica do seguro.

Neste ponto, a Constituição Federal indica, quer pelo emprego de termos técnicos como *equilíbrio atuarial* do sistema de proteção, quer pelas linhas traçadas para seu financiamento, a utilização do instrumental aventado para gerenciamento do risco. Destacam-se, quanto a estes aspectos, as seguintes diretrizes: a) impossibilidade de existência de benefício sem a prévia concepção do custeio correspondente (art. 195, § 5º); b) caráter contributivo e observação do equilíbrio financeiro atuarial do sistema de proteção (art. 201, *caput*).

Estes elementos, atrelados à necessidade de equilíbrio do seguro social pela projeção dos custos em horizonte mínimo de vinte anos (art. 96 da Lei n. 8.212/91), aproximam a Previdência Social do contrato de seguro do direito civil, permitindo a comparação entre eles.

Conquanto provavelmente tenham mais diferenças do que semelhanças, ambos foram estruturalmente forjados partindo-se das mesmas premissas e com finalidade de controlar fatos futuros e incertos que causam algum tipo de desconforto àqueles que a eles se sujeitarem.

Neste panorama, a mais imediata incoerência que se constata na pretensão deduzida por meio da Ação Regressiva é a responsabilização de um dos sujeitos encarregados do pagamento do preço do risco, pelos custos dos benefícios previdenciários correspondentes. Esta conjuntura mostra-se contrária à lógica do seguro, que pressupõe que a indenização seja mantida pela seguradora, encarregada de administrar o prêmio.

Poder-se-ia, então, questionar o porquê de a seguradora, no direito privado, ser parte legítima para figurar como autora de ação movida em face do causador do dano, quando adredemente recebeu o prêmio destinado a suportar a indenização que pagou. Entretanto, este cenário é montado em torno da sub-rogação dos direitos do segurado em, como vítima, ser reparado pelo autor do dano, ainda que tenha sido acobertado pelo seguro, com base na responsabilidade civil (art. 186 c.c. 927, ambos do CC).

Esta sub-rogação não encontra correspondência nas relações advindas do seguro social. O empregador deverá, em que pese o pagamento de contribuições sociais e o dever de ressarcir a Previdência Social nos termos do art. 120, indenizar o empregado pelos danos que a ele causar. Tal sistemática afasta de plano a possibilidade de a pretensão do INSS advir da sub-rogação, nos mesmos moldes previstos no direito civil.

Outros aspectos podem, ainda, ser aventados para indicar a inconsistência da pretensão contida no art. 120 da Lei n. 8.213/91.

O caráter social dos benefícios por incapacidade, mesmo que decorrentes de culpa do empregador a impossibilidade de escolha das partes, sejam daquelas que contribuem para o sistema, dos beneficiários ou ainda do INSS como gerenciador dos recursos e benefícios, e a prevalência da solidariedade em detrimento do mutualismo são, ainda, elementos que concorrem para diferenciar o seguro social do direito privado, com repúdio da sistemática contida no artigo em debate.

Em suma, a pretensão deduzida pelo INSS por meio da Ação Regressiva não apenas contraria a lógica do seguro, como afronta os artigos 201, *caput*, e 195, § 5º, ambos da Constituição Federal.

BIBLIOGRAFIA

ALEXANDRE, Francisco. *Estudos de Legislação Social*. Rio de Janeiro: A. Coelho Branco, 1930.

ALMANSA PASTOR, José M. *Derecho de La Seguridad Social*. 7. ed. Madrid:. Tecnos, 1991.

AMORIM FILHO, Agnelo. *Critério Científico para Distinguir a Prescrição da Decadência e para Identificar as Ações Imprescritíveis*. Revista de Direito Processual Civil. São Paulo, v. 3, jan./jun. 1961.

ARISTÓTELES. *A Política*. Trad. Nestor Silveira Chaves. São Paulo: Ícone, 2007.

ASSIS, Armando de Oliveira. Em Busca de uma Concepção Moderna de "Risco Social". *Revista de Direito Social* n. 14. São Paulo: Notadez.

AULETE, Caldas. *Dicionário Contemporâneo da Língua Portuguesa*, II Volume. Rio de Janeiro: Delta S.A., 1958.

AZEVEDO, Álvaro Villaça. *Teoria Geral das Obrigações e Responsabilidade Civil*. Curso de Direito. 12. ed. São Paulo: Atlas, 2011.

BALERA, Wagner. *Sistema de Seguridade Social*. 3. ed. São Paulo: LTr, 2003.

_____. *A Contribuição para a Aposentadoria Especial e para o Seguro de Acidentes do Trabalho*, in Contribuições para Seguridade Social, Coord. Sacha Calmon Navarro Coelho. São Paulo: Quartier Latin, 2007.

_____. *Noções Preliminares de Direito Previdenciário*. São Paulo: Quartier Latin, 2005.

_____. *As Contribuições no Sistema Tributário Brasileiro*. São Paulo: Dialética, 2003.

BARBI, Celso Agrícola. *Comentários ao Código de Processo Civil, vol. I, tomo I (arts. 1º a 55)*. Rio de Janeiro: Forense, 1975.

BARBOSA, Marcelo Fortes e GODOY, Claudio Luiz Bueno Cezar Peluso (cord.). *Código Civil Comentado*. 5. ed. Barueri: Manole, 2011.

BASTOS, Celso Ribeiro. Coord. Ives Gandra da Silva Martins. *Comentários ao Código Tributário Nacional*, vol. 2, arts. 96 a 218. 5. ed. São Paulo: Saraiva, 2008.

BECK, Ulrich. (Trad. Mark Ritter). *Risk Society. Towards a New Modernity*. London: Sage Publications, 2007.

BDINE JR. Hamid Charaf. (Coord. Cezar Peluso). *Código Civil Comentado*, 5. ed. Barueri: Manole, 2011.

BENTHAM, Jeremy. *An Introduction to the Principals of Morals and Legislation*. Batoche Books, Kitchener, 2000.

BEVERIDGE, William, Beveridge Report. Disponível em: <http://www.sochealth.co.uk/public-health-and-wellbeing/beveridge-report/>. Acesso em: 28.09.12.

BEVILAQUA, Clóvis. *Código Civil dos Estados Unidos do Brasil Comentado*, vol. V, 5. ed. Rio de Janeiro: 1943.

BERNSTEIN, Peter L. *Against the Gods: The remarkable story of risk*. Kindle Edition, 1998.

BOCH, Karl. *Reformulation of Some Problems in the Theory of Risk*. Econometric Research Program. Research Memorandumn. 46, Princeton University, 1962.

CALAMANDREI, Piero. *Direito Processual, vol. I. Estudos sobre o Processo Civil*. Campinas: Bookseller, 1999.

CARRION. Valentin. *Comentários à Consolidação das Leis do Trabalho*. 33. edição, atualizada por Eduardo Carrion. São Paulo: Saraiva, 2008.

CARVALHO, Paulo de Barros. *Curso de Direito Tributário*. 15. ed. São Paulo: Saraiva, 2003.

CAVALIERI FILHO, Sergio. *Programa de Responsabilidade Civil*. São Paulo: Atlas, 2003.

CINTRA, Antonio Carlos de Araujo, GRINOVER, Ada Pellegrini, DINAMARCO, Cândido Rangel. *Teoria Geral do Processo*. 3. ed. São Paulo: Revista dos Tribunais, 1981.

COSTA, José da Silva. *Seguros Marítimos*. Rio de Janeiro: H. Laemmert & C., Livreiros Editores, 1883.

COSTA, Walmir Oliveira da. *Dano Moral nas Relações de Trabalho: questões controvertidas após a emenda Constitucional n. 45*. Revista do TST, vol. 73, n. 2, Brasília, abr./jun. 207.

DINIZ, Maria Helena. *Compêndio de Introdução à Ciência do Direito*. 19. ed. São Paulo: Saraiva, 2008.

_____. *Novo Código Civil Comentado*. 5. ed, org. Ricardo Fiúza. São Paulo: Saraiva, 2006.

DORNBURSH, Rudiger e FISCHER, Stanley. *Macro Economia*. 5. ed. São Paulo: Mcgraw-Hill, 1991.

DUARTE, Nestor (Coord. Cezar Peluso). *Código Civil Comentado*. 5. ed. São Paulo: Manole, 2011.

DURAND, Paul. *La Politica Contemporanea de Seguridad Social* (Tradução José Vida Soria). Madrid: Ministerio do Trabajo y Seguridad Social, 1991.

FERNANDES, Anníbal. *Comentários à Consolidação das Leis da Previdência Social*. São Paulo: Atlas, 1987.

FREUDENTHAL, Sergio Pardal. *A Evolução da Indenização por Acidente do Trabalho*. São Paulo: LTr, 2007.

GENTIL, Denise Lobato. *A Falsa Crise do Sistema de Seguridade Social no Brasil: uma análise financeira do período 1990 – 2005*. Artigo apresentado no Congresso Trabalhista Brasileiro realizado entre 7 a 11 de fevereiro de 2007. Disponível em: <http://www.corecon-rj.org.br/ced/artigo_denise_gentil_reforma_da_previdencia.pdf>. Acesso em: 15.02.13.

GODOY, Cláudio Luiz Bueno (Coord. Cezar Peluso). *Código Civil Comentado*. 5. ed. Barueri: Manole, 2011.

GOMES, Orlando (Atualizado por Edvaldo Brito). *Obrigações*. 17. ed. Rio de Janeiro: Forense, 2008.

GONÇALVES, Luiz da cunha. *Tratado de Direito Civil em Comentário ao Código Civil Português*, vol. VII. Coimbra: Limitada, 1934.

_____. *Princípios de Direito Civil Luso-Brasileiro, vol. II. Direito das Obrigações*. São Paulo: Max Limonad, 1951.

GRECO FILHO, Vicente. *Direito Processual Civil Brasileiro*, 1º Volume, 13. ed. São Paulo: Saraiva, 1998.

IBRAHIM, Fábio Zambitte. *Curso de Direito Previdenciário*. 17. ed. Niterói: Impetus, 2012.

LEAL, Antônio Luís da Câmara. (Atualização José de Aguiar Dias). Da Prescrição e da Decadência. Teoria Geral do Direito Civil. 2. ed. Rio de Janeiro: Forense, 1959.

MACHADO, Hugo de Brito. *Curso de Direito Tributário*. 27. ed. São Paulo: Malheiros Editores, 2006.

MARANHÃO, Ney Stany Morais Maranhão. Responsabilidade Civil Objetiva pelo Risco da Atividade: uma perspectiva civil-constitucional. São Paulo: Método, 2010.

MARENSI, Voltaire Giavarina, Aspectos Relevantes do Seguro de Responsabilidade Civil. Revista Lex do Direito Brasileiro n. 45, mai.-jun./2010. São Paulo: Lex Editora, 2010.

MARTINEZ, Wladimir Novaes. *Comentários à Lei Básica da Previdência Social*. 6. ed. São Paulo: LTr, 2003.

MARTINS FILHO, Ives Gandra da Silva, in A Importância da Ação Civil Pública no Âmbito Trabalhista. Disponível em: <http://www.planalto.gov.br/ccivil_03/revista/Ver _25/artigos/Art_MinistroIves.htm>. Acesso em: 11.01.13.

MEIRELLES, Hely Lopes. *Direito Administrativo Brasileiro*. 32. ed. Atualizada por Eurico de Andrade Azevedo, Délcio Balestero Aleixo e José Emmanuel Burle Filho. São Paulo: Malheiros, 2006.

MIRADOURO, Luiz Felipe de Alencar e CAMPOS, Rodrigo Ramos de Arruda. Ações regressivas do INSS não têm embasamento. Disponível em: <http://www.conjur.com.br/ 2012-mai-31/acoes-regressivas-inss-nao-embasamento-fatico-ou-juridico>. Acesso em: 02.05.12.

MOREIRA NETO, Diogo de Figueiredo. *Curso de Direito Administrativo*. 2. ed. Rio de Janeiro: Companhia Editora Forense, 1974.

NASCIMENTO, Amauri Mascaro. *Curso de Direito do Trabalho*. 26. ed. São Paulo: 2011.

NASCIMENTO, Tupinambá Miguel Castro do. *Curso de Direito Infortunístico*. 2. ed. Porto Alegre: Sergio Antonio Fabris Editor, 1983.

NERY JUNIOR, Nelson e NERY, Rosa Maria de Andrade. *Novo Código Civil e Legislação Extravagante Anotados*. São Paulo: Revista dos Tribunais, 2002.

NEVES, Ilídio das, Direito da Seguridade Social. *Princípios Fundamentais numa Análise Prospectiva*. Coimbra: Coimbra Editora, 1996.

NOGUEIRA, Rio. *A Crise Moral e Financeira da Previdência Social*. São Paulo: Difusão Editorial – DIFEL, 1985.

OLIVEIRA, Sebastião Geraldo de. *Indenizações por Acidente do Trabalho*. São Paulo: LTr, 2005.

_____. *Estruturas Normativa da Segurança e Saúde do Trabalhador*. Revista do Tribunal Regional do Trabalho da 3ª Região, Belo Horizonte, v. 45, n. 75, jan./jun. 2007.

OPITZ, Oswaldo e OPITZ, Silvia. *Acidentes do Trabalho*. São Paulo: Saraiva, 1977.

PAULSEN, Leandro. *Contribuições. Custeio da Seguridade Social*. Porto Alegre: Livraria do Advogado Editora, 2007.

PEREIRA, Caio Mário da Silva. *Instituições de Direito Civil*, vol. I. Rio de Janeiro: Forense, 1971.

PERSIANI, Mattia. (Trad. Edson L.M. Bini, Coord. Tradução Wagner Balera). *Direito da Previdência Social*. 14. ed. São Paulo: 2008.

PIETRO, Maria Sylvia Zanella Di. *Direito Administrativo*. 12. ed. São Paulo: Atlas, 2000.

ROCHA, Daniel Machado da e BALTAZAR JUNIOR, José Paulo. *Comentários à Lei de Benefícios da Previdência Social*. Porto Alegre: Editora Livraria do Advogado, 2000.

RODRIGUES, Silvio. *Direito Civil. Direito das Coisas*, Vol. 1, 22. ed. São Paulo: Saraiva, 1995.

_____. *Direito Civil. Direito das Coisas*, Vol. 5, 22. ed. São Paulo: Saraiva, 1995.

_____. *Direito Civil. Parte Geral das Obrigações*, vol. 2, 23. ed. São Paulo: Saraiva, 1995.

SANTOS. Moacyr Amaral. *Primeiras linhas de Direito Processual Civil*: adaptadas ao novo código de processo civil, vol. 1, 12. ed. São Paulo: Saraiva, 1985.

SATTA, Salvatore. *Direito Processual Civil*, volume I. Campinas: LZN Editora, 2003.

SILVA, de Plácido e. *Vocabulário Jurídico*, vol. II, 3. ed. São Paulo: Forense, 1943.

TAVARES, Marcelo Leonardo. *Direito Previdenciário*. 4. ed. Rio de Janeiro: Lúmen Júris, 2002.

THORNDIKE, Edward L. *Human Nature and the Social Order* – versão resumida editada por Geraldine Joncich Clifford, Boston: MIT Press, 1969.

VENOSA, Sílvio de Salvo. *Direito Civil. Contratos em Espécie*, vol. 3, 11. ed. São Paulo: Atlas, 2011.

VILANOVA. Lourival. *As Estruturas Lógicas e o Sistema do Direito Positivo*. São Paulo: Noeses, 2005.

Anexo I
Gastos com Benefícios em 2011

BENEFÍCIOS	299.294.551.000,00
Aposentadorias e Reformas	**182.716.261.000,00**
Aposentadoria por Invalidez	31.841.662.000,00
Aposentadoria por Idade	65.530.675.000,00
Aposentadoria por Tempo de Contribuição	75.065.085.000,00
Aposentadoria Especial	7.873.494.000,00
Aposentadoria Economiários	33.902.000,00
Aposent. por Invalidez – Acidente de Trabalho.	2.371.443.000,00
Pensões	**68.680.030.000,00**
Pensões Previdenciárias	66.807.049.000,00
Pensões Acidentárias	1.513.935.000,00
Outras	359.046.000,00
Outros Benefícios	**22.783.773.000,00**
Auxílio-Doença	15.959.893.000,00
Auxílio-Reclusão	367.877.000,00
Auxílio-Acidente	192.440.000,00
Salário-Família de Segurados	54.173.000,00
Salário-Maternidade	1.620.707.000,00
Pecúlio	3.594.000,00
Abono de Permanência em Serviço	3.200.000,00
Auxílio-Doença – Acidente de Trabalho	2.627.518.000,00
Auxílio-Acidente de Trabalho	1.817.623.000,00
Auxílio Suplementar – Acidente de Trabalho	124.587.000,00
Outros	12.161.000,00
Benefício Mensal ao Deficiente e ao Idoso	**25.114.487.000,00**
Benefício ao Deficiente	12.208.501.000,00
Benefício ao Idoso	11.142.407.000,00
Renda Mensal Vitalícia – Inválidos (1)	1.335.663.000,00
Renda Mensal Vitalícia – Idosos (1)	427.901.000,00
Outros Benefícios	15.000,00

Benefícios Acidentários	
Aposent. por Invalidez – Acidente de Trabalho.	2.371.443.000,00
Pensões Acidentárias	1.513.935.000,00
Auxílio-Doença – Acidente de Trabalho	2.627.518.000,00
Auxílio-Acidente de Trabalho	1.817.623.000,00
Auxílio Suplementar – Acidente de Trabalho	124.587.000,00
Total	8.455.106.000,00

Relação Acidentários/Total	2,83%

Fonte: Anuário Estatístico da Previdência Social 2011, p. 736.

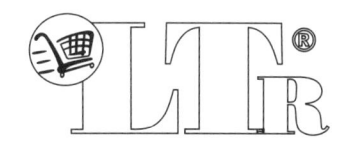

LOJA VIRTUAL
www.ltr.com.br

E-BOOKS
www.ltr.com.br